AF453575

HISTOIRE CRITIQUE

DES

PREMIERS TEMPS DES ÉGYPTIENS ET DES ASSYRIENS,

JUSQU'AU RÈGNE DE CAMBYSE.

METZ — TYP. J. VERRONNAIS.

AVANT-PROPOS.

La chronologie des premiers temps des histoires de l'Égypte et de l'Assyrie est, on le sait, une matière qui a donné lieu à de graves difficultés et à de nombreuses controverses. Quoique, au temps de Rollin, plusieurs interprètes et commentateurs eussent déjà fourni à cet égard quelques lumières et solutions, ce consciencieux écrivain trouvait néanmoins plusieurs de ces difficultés tellement ardues, qu'il déclare vouloir s'abstenir de toute discussion, et qu'il se borne à adopter le sentiment qui lui parait, sur chacune d'elles, le plus probable.

Aujourd'hui le domaine de la science historique se trouve notablement agrandi. Relativement à l'histoire des Assyriens et des Mèdes, les travaux récents de plusieurs savants, tels que Daunou, Letronne, Quatremère de Quincy, le cours A. M. D. G., et surtout le Mémoire de M. de Saulcy (Mém^res de l'A. des Insc^ous, 1851), ont démontré le peu de fonds qu'il y a à faire sur les récits de Ctésias et de Diodore de Sicile, son copiste trop crédule, au sujet de Ninus, de Sémiramis et du premier Sardanapale. En marchant sur leurs données, nous établirons que ces trois souverains

1

ne furent que des personnages fictifs, et nous prendrons pour point de départ le livre de Judith, dont le Nabuchodonosor est, suivant nous, le plus ancien roi d'Assyrie connu, comme l'Arphaxad ou Arbace est le plus ancien roi Mède que l'histoire nous fasse connaître.

Quant à l'Égypte, dont la chronologie et l'histoire, embrouillées par le Canon fabuleux de Manéthon, présentaient jusqu'à ce moment de grandes difficultés, nombre de questions épineuses sont aujourd'hui définitivement résolues. Grâce à l'étude approfondie que des savants, tels que MM. Champollion frères, Cailliaud, Biot, Lepsius, Bunsen, Mariette, etc., ont faite des monuments et des calendriers égyptiens, il est devenu possible de présenter une liste certaine et presque complète des plus anciens rois d'Égypte, ainsi qu'une histoire exacte de leurs règnes, depuis Menès, le premier roi, jusqu'à la conquête de ce pays par Cambyse, où nous finissons notre histoire. Par là sera fixée d'une manière très-approximative cette branche si difficile de la chronologie.

Toutefois, nous devons le dire, ces découvertes si intéressantes, qui ont coûté tant de veilles et de fatigues aux savants que nous venons de nommer, le public ne s'en préoccupe pas, ou s'en préoccupe si peu, qu'il semble même les ignorer complètement. Dans l'enseignement de la jeunesse, il n'en est pas encore question, et parmi les hommes qui ont ouï parler de ces travaux, un grand nombre ne les comprennent même pas. Or à quoi tient cette indifférence à s'instruire sur cette matière? Elle peut être attribuée à une cause principale, à l'absence d'un ouvrage élémentaire qui fasse connaître aux personnes du monde et aux jeunes gens disposés à s'en occuper, les notions sur l'écriture et l'astronomie égyptiennes nécessaires pour comprendre ces découvertes. C'est à cette lacune que nous avons cherché à suppléer, en donnant, sur ces deux objets, des explications succinctes aussi claires que possible. Nous donnons en outre quelques descriptions sommaires des monuments de Thèbes, de Memphis, de Bubaste, etc., aux règnes des rois qui les fondèrent, et des explications sur les origines et les sources à l'aide desquelles Manéthon et ses copistes ont bâti l'échafaudage de leurs dynasties.

Si le Canon de Manéthon a été anéanti par l'effet des récentes découvertes, d'un autre côté, la Bible, dont on avait cherché, à l'aide de ce Canon, à ébranler l'autorité historique, a reçu par là une nouvelle et éclatante confirmation. Cette confirmation, nous la faisons connaître avec bonheur, parce que nous éprouvons plus de sympathie et de respect pour les Livres saints que pour les OEuvres mensongères de prêtres payens. La vérité historique, qui ne saurait être en contradiction avec le texte de la Bible, a été le mobile et le but de nos travaux : la conviction où nous sommes que nous l'avons trouvée sur plusieurs points, jusque-là fort obscurs, a été pour nous un puissant encouragement dans nos recherches. Persuadé qu'il serait utile de répandre cette vérité, nous livrons cet Ouvrage à la publicité, et nous nous croirons suffisamment récompensé de nos travaux et de nos sacrifices par le suffrage des hommes compétents.

Avant de passer à l'histoire des rois d'Égypte, et dans le but de rendre plus facile l'intelligence des nouvelles découvertes de la science, nous donnerons immédiatement les explications et détails que nous avons annoncés sur le calendrier égyptien et sur l'écriture hiéroglyphique.

Nous nous sommes abstenu de donner une description topographique de l'Égypte et de l'Assyrie. Ces descriptions se trouvent dans tous les ouvrages de géographie, et nous ne pouvons mieux faire à cet égard que de renvoyer à l'excellent dictionnaire de Bouillet et à l'histoire ancienne de Rollin (Ed. Letronne).

———

Au moment de mettre sous presse, nous apprenons qu'une inscription sur la statue du dieu assyrien Nébo, au musée de Londres, traduite par le colonel Rawlinson, révèle que la Sémiramis d'Hérodote, la seule qui ait jamais existé, était l'épouse du roi assyrien Phul. Cette découverte jette une grande lumière sur l'histoire des Assyriens et confirme, à peu de chose près, le système que nous avions adopté. Notre travail sur l'histoire d'Assyrie sera mis en rapport avec cette découverte.

CALENDRIER ÉGYPTIEN.

Au sujet de la division du temps chez les Égyptiens, Diodore de Sicile s'exprime ainsi : « Les Égyptiens « des premiers âges n'employèrent point, pour « supputer les temps, de mesure plus longue que le « mois lunaire. Plus tard, ils appliquèrent le nom « d'année à une saison ou espace de quatre mois, « et enfin, ils comptèrent par années de douze mois « lunaires, qu'ils faisaient tous de trente jours. » (E. S., ch. XXVI.) A la vérité, cet historien dit ailleurs, en parlant des Thébains d'Égypte (L. 1, ch. L.), qu'ils comptent les jours, non d'après la lune, mais d'après le soleil, qu'ils font chaque mois de trente jours, et ajoutent cinq jours et un quart aux douze mois pour compléter le cycle annuel ; mais, quant à l'addition du quart de jour, ce passage doit s'appliquer aux Thébains de son temps.

Hérodote, qui écrivait environ 450 ans avant notre ère, mentionne bien que les Égyptiens font les mois tous de trente jours et ajoutent à l'année de douze mois les cinq jours complémentaires, mais il ne dit rien de l'addition du quart de jour. Il est certain que si le principe, sur lequel repose cette addition, était connu à Thèbes, on n'en tenait pas encore compte dans l'année civile, car le calendrier Julien ne fut pas mis en vigueur dans l'Égypte plus tôt que partout ailleurs.

Nous ne contestons cependant pas que les Égyptiens des temps primitifs ne se soient livré à des observations sur le cours des astres. Ainsi, dès une époque très-reculée, ils remarquèrent attentivement quel

jour et quel mois tombait chaque année le lever héliaque de Sirius (en langue égyptienne *Sothis*), la
plus brillante étoile de la canicule*, lever simultané
avec celui du soleil ; ce qui leur servait à calculer
approximativement d'avance le jour où commencerait
le débordement annuel du Nil. On a trouvé l'indi-
cation de plusieurs levers héliaques de Sirius sur
divers calendriers, placés sur des tombeaux de rois
égyptiens. Quelques écrivains en ont conclu que,
dès la plus haute antiquité, les Egyptiens avaient
déterminé la durée de la période sothiaque, qui est
de 1460 ans ; mais c'est une exagération d'antiquaire.

Les Egyptiens, suivant M. Biot (Mém. de l'Ac.
des Sciences, t. XXIV), n'étaient pas alors assez
avancés en astronomie pour calculer la durée de la
période sothiaque, laquelle ne fut déterminée pour
la première fois que par l'astronome Théon, sous le
règne d'Antonin. Par une computation rétrospective,
Théon place une période sothiaque de l'an 1322
avant J.-C. à l'an 139 de notre ère, années où le
lever héliaque de Sirius aurait été visible à Memphis
le 1er jour de Thôth, qui répondait à notre 20 Juillet,
sous Antonin. Mais cette computation est encore
erronée, dit M. Biot, car si le lever héliaque de
Sirius fut visible le 1er de Thôth, à l'horizon de Memphis en l'an 139, la première année du règne d'Antonin, ce lever héliaque n'avait pu être visible le
même jour, au même horizon, que l'an 1325 avant

* Le lever héliaque de Sirius est la réapparition de cet astre
à l'Orient un peu avant l'aurore, après qu'il s'est éclipsé un
mois et demi. Ce lever héliaque tombe le même jour quatre
années de suite.

La période sothiaque ou cycle caniculaire, est la période
de 1461 années vagues (c'est-à-dire sans bissextiles), ou 1460
années juliennes fixes, pendant laquelle Sirius fait sa révo-
lution, de manière à se retrouver exactement, le même jour
de l'année, au même point de l'horizon. Ainsi le lever héliaque
de Sirius fut visible à Memphis le 1er de Thôth, l'an 1325
avant J.-C, et le même jour 20 juillet, l'an 139 après J.-C.,
sous Antonin.

J.-C. Par conséquent, si Théon se trompait ainsi de trois ans sur cette durée, les Egyptiens ne l'avaient certainement pas déterminée avant lui.

Nous verrons qu'à l'aide des levers héliaques de Sirius, inscrits sur les calendriers placés aux tombeaux des rois Mœris, Sésostris et Rhamsès **VI**, **M.** Biot a découvert les époques précises des règnes de ces rois.

Le même savant, dans son premier mémoire sur la période sothiaque (Ibid., t. **XXI**), estimait que l'addition des cinq jours complémentaires, appelés épagomènes par les Grecs, dût avoir lieu l'an 1780 avant **J.-C.**; année où le premier mois, dit *Pachon*, de la tétraménie des eaux coïncida avec le premier mois, dit *Thóth*, du solstice d'été. Dans son mémoire de 1854 (t. **XXIV**), il dit qu'il résulte des calendriers placés sur les tombeaux des rois que nous venons de nommer, que les Egyptiens ne comptaient pas les cinq jours épagomènes dans leur année civile, parce que trois de ces jours étaient réputés néfastes dans leur religion, mais qu'ils les ajoutaient seulement à leur année usuelle.

L'année égyptienne était divisée en trois saisons de quatre mois, appelées tétraménies : 1° la saison des plantes ou de la végétation, qui comprenait les mois Thóth, le premier mois de l'année égyptienne, Paóphi, Athyr et Choïak; 2° la saison des récoltes, comprenant les mois Tiby, Méchir, Phamenoth et Pharmouthi; 3° la saison des eaux ou de l'inondation, qui comprenait les mois Pachom, Payni, Epiphi et Mesori. Ces saisons étaient suivies des cinq jours célestes ou jours épagomènes.

ÉCRITURE ET LANGUE ÉGYPTIENNES.

Dans le système d'écriture hiéroglyphique des Egyptiens, dit Champollion, il faut principalement considérer deux choses :

A. — La forme matérielle des signes, qui constitue trois espèces de caractères, nommés : 1. hiéroglyphiques ; 2. hiératiques ; 3. démotiques.

B. — La valeur ou expression particulière de chaque signe, laquelle constitue trois espèces de signes qui sont ou figuratifs, ou symboliques, ou phonétiques.

A. 1. — L'écriture hiéroglyphique proprement dite est celle qui se compose de signes représentant des objets du monde physique, animaux, plantes, figures de géométrie, etc. , dont le tracé est simplement linéaire, ou bien entièrement terminé et même colorié, selon l'importance du monument qui porte l'inscription, ou selon l'habileté du sculpteur. Le nombre de ces signes différents est d'environ huit cents.

A. 2. — L'écriture hiératique est une véritable tachygraphie de la précédente. Les signes de l'écriture hiéroglyphique ne pouvant être convenablement tracés qu'avec la connaissance du dessin, et cette connaissance ne pouvant être universelle, on créa, en faveur de ceux qui ne l'avaient point, un système d'écriture abrégé dont les signes pouvaient être facilement exécutés. Mais ce système ne fut point arbitraire : chaque signe hiératique ne fut qu'un abrégé d'un signe hiéroglyphique. Au lieu de la figure entière du lion couché, par exemple, on exprima la silhouette de la partie supérieure, et cet abrégé du lion conservait souvent la même valeur que la figure entière. Ainsi l'écriture hiératique était composée du même nombre de signes que l'écriture hiéroglyphique, dont elle était une abrévation à l'égard de la forme des signes seulement, et cet abrégé des signes avait la même valeur que les signes entiers.

A. 3. — L'écriture démotique (ou populaire, ou épistolographique) se composait des mêmes signes que l'écriture hiératique : c'était aussi une abréviation des signes hiéroglyphiques et conservant encore la même valeur ; seulement le nombre des caractères de l'écriture démotique, employés pour les usages ordinaires de la vie, était moindre.

Quant à l'expression, ou valeur graphique des signes, la théorie n'en est pas moins certaine que leur classification matérielle.

B. 1. — Les signes figuratifs expriment tout simplement l'idée de l'objet dont ils reproduisent les formes : l'idée d'un cheval, d'un lion, d'un obélisque, d'une stèle (colonne), d'une couronne, d'une chapelle, etc., etc., est exprimée graphiquement par la figure même de chacun de ces objets. Le sens de ces caractères ne peut présenter aucune incertitude.

B. 2. — Les signes symboliques (ou tropiques, ou énigmatiques) expriment une idée métaphysique par l'image d'un objet physique dont les qualités avaient une analogie vraie, selon les Egyptiens, directe ou indirecte, prochaine ou éloignée, selon eux encore, avec l'idée à exprimer. Cette sorte de caractère parait avoir été particulièrement inventée et recherchée pour les idées abstraites qui étaient du domaine de la religion ou de la puissance royale, si intimement liée avec le système religieux. *L'abeille* était le signe symbolique de l'idée ; *des bras élevés*, de l'idée *offrir et offrande ; un vase d'où l'eau s'épand, la libation,* etc., etc.

B. 3. — Les signes phonétiques exprimaient les sons de la langue parlée, et avaient dans l'écriture égyptienne, les mêmes fonctions que les lettres de l'alphabet dans la nôtre. Ils entraient surtout dans lá composition des noms propres d'hommes et de lieux étrangers, et dans celle des mots-particules qui n'offraient à l'esprit aucune idée déterminée. Ces signes, tels que A, B, C, étaient ordinairement la figure d'un objet dont le nom, dans la langue parlée, commençait par la même voix A, ou B, ou C. Ainsi, par exemple, dans l'écriture phonétique, l'aigle qui se nommait *Ahom* en égyptien, devint la lettre A; une cassolette *Berbe*, la lettre B; une main *Tot*, le T et le D; une hache *Kelebin*, le K et le C dur; un lion couché *Labo*, la lettre L; une chouette *Mouladji*, le M; une bouche *Ró*, le R; etc., etc. Sans doute tous les objets, dont le nom commençait par R, par exemple, ne furent pas le signe graphique de cette lettre (il en serait né trop de confusion), mais quelques-uns de ces objets, seulement les plus connus, les plus ordinaires, ceux dont la forme était le plus sûrement déterminée et pouvait être le plus facilement transcrite, furent affectés à représenter le son R, ainsi des autres. Il y eût donc un certain nombre de signes *homophanes* qui, toutefois, ne fut pas assez considérable pour faire naître de la confusion, car le nombre des hiéroglyphes phonétiques ne s'élevait guères au-delà de deux cents. C'est cette espèce de caractère qui domine dans les inscriptions et les textes hiéroglyphiques; ils s'y trouvent dans la proportion des deux tiers, le surplus appartenant, par portions à peu près égales, aux caractères figuratifs et aux caractères symboliques.

Quant aux nombres, l'écriture hiéroglyphique avait un signe particulier pour chacun des nombres dix, cent, mille et dix mille; ils étaient écrits autant de fois que l'exigeait la somme à exprimer; on figurait jusqu'à neuf fois le signe de l'unité pour exprimer l'idée neuf, neuf fois le signe de la dizaine pour exprimer 90, neuf fois le signe cent pour figurer le nombre 900, et ainsi de suite pour les autres chiffres.

Les écritures hiératique et démotique avaient un signe particulier pour chacun des nombres 1, 2, 3, 4 et 9, mais les nombres 5, 6, 7 et 8 s'exprimaient au moyen des chiffres combinés 3 et 2, 3 et 3, 3 et 4, 4 et 4. Le signe dix était également spécial, et il était ensuite modifié par l'adjonction des chiffres des unités pour former les caractères signifiant 20, 30, 40, etc., et ainsi de suite pour les chiffres cent, mille, dix mille et leurs multiples.

Telle est l'écriture égyptienne que Champollion jeune parvint à recomposer à l'aide de diverses inscriptions prises sur les monuments égyptiens, et surtout de la célèbre inscription de Rosette, trouvée en 1799. Cette inscription était sur une pierre de quelques pieds de hauteur et dans les trois langues hiéroglyphique, démotique et grecque; cette dernière servit à traduire les deux autres: le texte grec prouve que l'inscription était un décret des prêtres de l'Egypte en l'honneur du roi Ptolémée Epiphane.

La langue égyptienne, suivant Champollion le jeune, était une langue mère, mélangée à la vérité de quelques mots arabes et hébreux, à cause des rapports qu'eurent les Egyptiens avec ces peuples. La syntaxe ou construction de phrases était à peu près la même que dans la langue française. Les mots primitifs ou racines sont monosyllabiques; ils paraissent surtout fondés sur l'imitation des sons produits par les objets ou idées qu'on veut exprimer! Elle nomme l'âne *ió*, le lion *mouï*, le bœuf *éhé*, la grenouille *crour*, le chat *chaou*. On dit *thophteph*, cracher, *ouodjouedj*, mâcher, *kim*, frapper, *kremren*, bruit, *kradjradj*, grincer, etc.

La langue et l'écriture égyptienne se maintinrent, comme langue nationale, sous la domination des Perses et même sous celle des rois Grecs; et la langue grecque, quoiqu'étant la langue du gouvernement, ne fut guère parlée que par les grecs d'origine. Plus tard, à l'époque de l'établissement du christianisme, quand elle se nomma langue copte, la langue égyptienne était encore la même, mais elle avait admis un grand nombre de mots grecs et arabes et quelques mots latins, employés concurremment avec les mots égyptiens exprimant les mêmes idées, et son alphabet n'eût plus que trente et un signes. De ces trente et un signes, vingt-quatre sont ceux même qui composent l'alphabet grec, et les sept autres sont autant de signes de l'ancien alphabet démotique égyptien, introduits dans le nouveau pour exprimer les sons propres à la langue égyptienne qui, inconnus dans la langue des Grecs, ne pouvaient pas se trouver dans leur alphabet.

HISTOIRE

DES ROIS D'ÉGYPTE.

L'histoire et la chronologie des anciens rois d'Egypte, antérieurs aux rois de Perse, ont été considérablement embrouillées par les diverses listes de rois égyptiens tirées du Canon de Manéthon. Ce Manéthon était né à Sebennyte, dans le Delta (la Basse-Egypte); grand-prêtre et garde des archives sacrées, il avait été instruit dans les lettres grecques. Il a écrit l'histoire des Egyptiens et l'a tirée, à ce qu'il dit, des écrits de Mercure et des autres anciens mémoires conservés dans les archives des temples. Il avait composé cet ouvrage sous le règne et par l'ordre de Ptolémée-Philadelphe.

Suivant Manéthon, les dieux d'abord, savoir, Vulcain, le Soleil et Saturne, régnèrent successivement sur l'Egypte pendant un espace de plus de 40,000 ans; vinrent ensuite les demi-dieux ou héros, qui la gouvernèrent environ 200 ans, et enfin trente dynasties de rois mortels, depuis Menès jusqu'à Alexandre-le-Grand, régnèrent successivement sur ce pays. L'espace de temps pendant lequel ces dynasties auraient régné, varie de 5,300 ans à 9,000 ans, suivant les versions des divers copistes ou interprètes de Manéthon; savoir: Josèphe, Eusèbe, Jules Africain, Castor (l'auteur des Fragments *Excerpta Barbara*) et la *Vieille Chronique* conservée par Georges-le-Syncelle. Voici le tableau des différentes durées assignées aux dynasties égyptiennes.

La 1re dynastie, de This, chef Menès, 8 rois. . . . 252 ans.
La IIe   id.   id.   9 rois, 297 ou 302 ans.
La IIIe   id.   de Memphis,   9 rois, 197 ou 214 ans.
La IVe   id.   id.   8 ou 17 rois, 284 ou 448 ans.
La Ve   id.   d'Eléphantine,   9 rois,   248 ans.
La VIe   id.   de Memphis,   6 rois,   203 ans.
La VIIe   id.   id.   5 rois, 75 jours ou 75 ans.
La VIIIe   id.   id.   5 ou 9 rois, 100 ou 140 ans.
La IXe   id.   d'Héracléopolis,   4 rois, 100 ou 409 ans.
La Xe   id.   id.   19 rois, 185 ou 204 ans.
La XIe   id.   de Thèbes',   17 rois, 43 ou 59 ans.
La XIIe   id.   id.   7 rois, 153 ou 245 ans.
La XIIIe   id.   id.   60 rois, 184 ou 453 ans.
La XIVe   id.   de Xoïs,   76 rois, 184 ou 484 ans.
La XVe   id.   de Thèbes;   7 rois,   25 ans.
La XVIe   id.   de Thèbes, 190 ans, ou d'Héliopolis, 221 ans.
La XVIIe   id.   id.   6 rois, 103 ou 256 ans.
Les Rois-Pasteurs, de Memphis, 6 ou 70 rois, 905 ou 729,
                                    ou 284, ou 260 ans.
La XVIIIe dynastie, 17 rois, chef Ahmosis, 284 ou 348 ans.
La XIXe   id.   6 rois,   194 ans.
La XXe   id.   12 rois,   135 ou 178 ans.
La XXIe   id.   de Tanis, 2 ou 7 rois,   80 à 130 ans.
La XXIIe   id.   de Bubaste, 9 rois,   91 à 150 ans.
La XXIIIe id.   de Tanis,   4 rois,   40 à 89 ans.
La XXIVe   id.   de Saïs,   1 roi,   12 à 44 ans.
La XXVe   id.   rois Ethiopiens,   40 à 84 ans.
La XXVIe   id.   de Saïs, 6 à 9 rois,   130 à 150 ans.

On voit de suite, par les variantes et contradic-
tions nombreuses qui existent entre les diverses copies
du Canon de Manéthon, combien peu il présente
d'apparence de vérité. Les Egyptiens de son temps en
faisaient eux-mêmes très-peu de cas, puisque, cinquante ans plus tard, Eratosthène de Cyrène fut
chargé par le roi Ptolémée-Evergeté de reviser le
travail de cet annaliste, et c'est alors qu'il donna
une liste de rois de Thèbes, qui ne contient que
trente-huit rois depuis Menès jusqu'à la prise de
Troie, qu'il place vers l'an 1184.

Le canon d'Eratosthène, qui donne des noms grecs
à la plupart des rois égyptiens, est obscur et incom-
plet; mais, à partir du treizième roi depuis Menès,
il est suppléé avec avantage par la table généalo-

gique d'Abydos qui fut dressée sous Sésostris et qui a été découverte en 1820 par **M. Cailliaud**. La table généalogique du palais de Karnac, dressée sous le roi Thoutmès III dit Mœris, et traduite par **M. Lepsius**, contient encore quelques indications.

Quant aux copies du canon de **Manéthon**, elles fourmillent d'invraisemblance et de doubles emplois. Souvent le nombre des rois est sans rapport avec les durées assignées à leurs dynasties ; plus souvent encore les rois ne sont pas nommés, parce qu'ils sont fictifs, aussi bien que leurs dynasties. Voulant faire passer Memphis pour ville royale à une date très-reculée, Manéthon lui assigne des dynasties et des rois qu'Eratosthène et les tables de Karnac et d'Abydos assignent à Thèbes. Et en effet, comme nous le verrons, Memphis ne commença à être ville royale que vers l'époque de la sortie des Hébreux. Les rois-pasteurs ou Hycksos de Manéthon, ne sont qu'une fable inventée par les prêtres égyptiens, et dont nous expliquerons la cause et l'origine.

Si nous entrons dans le détail de ces dynasties, les rois nommés de la troisième et de la quatrième sont des rois, non pas de Memphis, mais de Thèbes ; ceux de la dynastie d'Eléphantine (île du Nil, près de Syène, à l'extrémité sud de la Thébaïde), lesquels ne se trouvent ni dans Erathostène ni sur les tables, ne peuvent être que des rois éthiopiens ou des officiers de rois thébains. La sixième dynastie, dite de Memphis, ne contient que des noms de rois de Thèbes, indiqués comme tels par Eratosthène et la table de Karnac. Les septième et huitième dynasties, de Memphis, n'ont aucun nom de roi ; ce ne sont également que des dynasties fictives. La onzième, de Thèbes, dont un seul roi, Amenehmès I, est nommé, et la douzième, de Thèbes, qui en a sept, sont la répétition, dans le même ordre, des noms des rois de la 17ᵉ dynastie, aussi de Thèbes, également portés sur la table d'Abydos.

Les deux dynasties d'Héracléopolis n'ont qu'un roi

nommé, Achtoès, l'Actisanès qui, suivant Diodore, régna sur l'Egypte, peu avant le siége de Troie, et fonda Rhinocolure. Nous verrons qu'il s'agit ici, non pas de Héracléopolis près de Memphis, mais de Héracléopolis-Parva, près de Peluse, laquelle a pu être le séjour de ce roi.

La dynastie de Xoïs est celle de Tanis, au temps des Hébreux ; un roi de Tanis, Palmanothès, fonda Cissa (Xoïs) peu d'années avant leur sortie de l'Egypte. Sa fille, Merrhis, épousa le roi de Thèbes, Ahmosis-Chenephrés qui, par ce mariage, réunit la Basse-Egypte à la Thébaïde. La dynastie Xoïte n'a donc pu durer 484 ans.

La 16ᵉ, de Thèbes, n'a que deux rois nommés, Ptahawtep et Osortasen qu'on retrouve à la vingt-troisième dynastie.

Enfin les dix-huitième, dix-neuvième et vingtième dynasties sont, quant aux durées, allongées outre mesure, et ont des doubles emplois, notamment Rhamsès III (Sésostris) et Rhamsès-Meïamoun qui est le même personnage.

Ces explications étant données, nous allons passer à l'histoire des rois d'Egypte. Notre plan, on le sait, ne s'étend pas au-delà de la conquête de ce pays par Cambyse.

1950.   **Menès.**

Ce nom est porté, sur toutes les copies du canon de Manéthon et sur la liste d'Eratosthène, comme étant celui du premier roi d'Egypte. Le canon chronologique des dynasties égyptiennes, écrit sur le papyrus du musée de Turin, s'ouvre par le nom même de Menès : *Sten Mneï nphr necooutniou.....* « Le roi Menès exerça les attributions royales..... années... »

Menès est généralement désigné comme étant le même que Mesraïm, second fils de Cham, à cause duquel l'Egypte est appelée par la Bible terre de Mesraïm, et par les Arabes terre de *Misr.* Mais, malgré les vanteries des prêtres égyptiens sur la haute antiquité de leurs rois, nous regardons ce sentiment comme inadmissible, et nous croyons, en nous fondant sur le nombre des successeurs de Menès indiqués par la table d'Abydos, que son règne ne dut commencer guère avant l'an 1950 avant J.-C.

Ce roi résida à This, ville au nord de Thèbes. Manéthon le fait fondateur de Memphis, mais il est contredit à cet égard par Diodore qui attribue la fondation de cette ville à un de ses successeurs, nommé Uchoréus, dont nous déterminerons plus tard la véritable place. On assigne à Menès un règne de 62 ans. Mais comme les Egyptiens comptaient alors par tétraménies ou saisons de quatre mois, il est probable que la durée de son règne ne dépassa pas 21 ans.

A Menès succédèrent Athothis I, son fils, que Diodore appelle Ægyptus, Athothis II, Diabiès et Semphos, désignés par le canon d'Eratosthène.

1900.   Busiris.

Busiris, appelé aussi *Bóchos*, *Boethus* et *Tœgar*, fut le fondateur de la fameuse ville de Thèbes. Diodore rapporte que Thèbes fut fondée par Osiris, le premier législateur de l'Egypte, et contemporain de Menès. Il suit de là que Busiris serait le même qu'Osiris, qui fut divinisé, après sa mort, avec Isis, son épouse, et qu'il résida à Thèbes à peu près à la même époque que Menès résidait et régnait à This.

Le canon d'Eratosthène indique, après Busiris, les rois suivants : Stœchus, Gosormiès, Marès, Anoyphis, Sirius, Chnubus et Saophis.

Après ceux-ci régnèrent les rois suivants, portés sur la table d'Abydos :

Neter-ke-ra, indiqué comme le quatorzième roi de Thèbes, et conséquemment le treizième depuis Menès.

Men-ke-ra, Nefru-ke-ra, Nefru-ke-ra-Nebi, Tet-ke-ra-ma, Nefru-ke-ra-Chentu.

Mer-en-her (c'est le Merenrhès inscrit sur un bas-relief trouvé près de Cosséir).

Snefru-ke, Nefru-ke-ra-rerel, Nefru-ke... (Le cartouche brisé ne laisse voir qu'une partie du nom.) C'est peut-être le cartouche du roi Othoès de Manéthon.

Nefru-ke-en-seb-Pepi (le Phiops de Manéthon), Snefru-ke-Annu.

Parmi les treize rois ci-dessus, plusieurs régnèrent conjointement, car la légende de la table, suivant M. Lesueur, n'indique pour tous ensemble qu'une durée de 35 ans.

A partir de *Snefru-ke-Annu*, indiqué comme le vingt-sixième roi de Thèbes, il y a d'abord une lacune de six noms, laquelle est suppléée en partie par la table de Karnac, qui porte :

Nantef, le Mendu-atep ou Méthousouphis de Manéthon.

Mendu-atep-Nebtura (Menthésouphis).

1700.   Sekennen-Nacht-Raken, la Nitocris d'Hérodote et d'Eratosthène.

Hérodote donne sur Nitocris les détails suivants : Son frère, Menthésouphis, avait été précipité du trône et égorgé par ses sujets. Nitocris attira, dans une galerie souterraine, les coupables qu'elle voulait punir, et, pendant les joies d'un repas qu'elle leur avait fait servir, les eaux du Nil, conduites par un canal souterrain, les noyèrent tous. Après un règne de 12 ans, cette reine se donna la mort, en se précipitant dans une chambre remplie de cendres, échappant ainsi à la vengeance des partisans de ses ennemis.

A Nitocris succédèrent, à Thèbes, les rois suivants, portés sur la table d'Abydos. Les durées de leurs règnes sont indiqués sur un manuscrit égyptien du musée du Louvre et sur le papyrus de Turin.

Amenchmès I. Il régna 5 ans seul et 22 ans avec Sesortasen I.

Sesortasen I. Il régna de plus 19 ans seul et 5 ans avec Amenehmès II. En tout 44 ans.

Amenchmès II. Il régna de plus 19 ans avec Sesortasen II. En tout 22 ans.

Sesortasen II régna de plus 35 ans avec Sesortasen III ; en tout 54 ans.

Sesortasen III ne survécut pas longtemps à son prédécesseur et laissa le trône au roi Mares, qui suit :

Mares-Amenehmès III régna 31 ans seul, 9 ans avec Amenehmès IV et 3 ans avec sa fille Sebeknofru (ou Skemniopbris) qui mourut encore avant lui.

Mares-Amenehmès III est le même que Lamares et Labares de Manéthon. Le tombeau, appelé Labyrinthe, était, suivant Lycéas de Naucratis, le tombeau de Mares. Ce roi est, par conséquent, le même que le Marrhus ou Mendès dont Diodore décrit le tombeau, situé près du lac Mœris, au nome de Piom, comme un monument remarquable.

Amenehmès-Mares eut pour successeur Ahmosis-Chenephrès.

Les rois qui précèdent ne régnaient que sur la Thébaïde et la Moyenne-Egypte, jusques vers Memphis. La Basse-Egypte, de Memphis à la mer, fut gouvernée par une autre dynastie, celle de Tanis ou Xoïs, jusqu'à Ahmôsis, qui réunit toute l'Egypte.

1545.   AHMOSIS-CHENEPHRÈS.

Avant Ahmosis on place ordinairement le roi Osymandias, dont Diodore décrit le tombeau avec grands détails. Nous ne répéterons pas cette description, parce qu'Osymandias n'est qu'un roi fictif et que son monument n'est autre que le Rhamesséum de Médinet-Habou, dont nous parlerons à l'article de Sésostris *.

---

* Suivant les relations de plusieurs voyageurs, le monument d'Osymandias a beaucoup d'analogie avec le Rhamesséum de Médinet-Habou Toutefois les proportions du Rhamesséum sont inférieures à celles du monument décrit par Diodore, sur les récits mensongers des prêtres d'Égypte. On sait d'ailleurs que Sésostris est le seul roi d'Égypte qui ait fait la guerre aux Scythes-Bactriens. Quant à la bibliothèque qualifiée *Officine de l'âme*, il est visible que c'est une autre fable des prêtres égyptiens.

Avant de parler du règne d'Ahmosis, nous remonterons un peu plus haut, afin de déterminer quelle était la situation de la Basse-Egypte lors du séjour des Hébreux et à l'époque où l'on place les Rois-Pasteurs qui auraient régné à Memphis.

Indépendamment de la Bible, la chronique juive d'Artapan, conservée par Alexandre-Polyhistor, nous a transmis quelques détails sur le séjour des Hébreux en Egypte et des rapports qu'ils y eurent avec les rois égyptiens. Il en résulte que jusqu'à Ahmosis-Chenephrès, les pays de Tunis et de Xoïs (Cissa) étaient séparés de Thèbes et avaient des rois distincts. Ahmosis, dont le nom s'écrit en caractères égyptiens *Neb-rus-ra*, d'où les Grecs ont fait *Chneb-ros* et *Chenephrès* (Artapan lui donne ce dernier nom), réunit la Basse-Egypte à ses états de Thèbes par son mariage avec Merrhis, fille de Palmanothés, roi de Tanis et de Xoïs.

C'est sous un roi du nord de l'Egypte, nommé Pharéthon, qu'Abraham passa dans ce pays avec Sara, sa femme, qui y courut un grand risque, parce que le prince, informé de sa rare beauté et ne la croyant que sœur d'Abraham, l'avait fait enlever.

On ignore le nom particulier du Pharaon auquel le patriarche Joseph expliqua ses songes, à cause de quoi il fut nommé ministre par ce roi. L'histoire sainte rapporte comment, par de sages réserves, ce patriarche sut préserver l'Egypte de la famine. Jusqu'à présent on croyait généralement que ce Pharaon était l'un des Rois-Pasteurs, nommé Apophis, mais il est devenu évident, par la découverte d'un cartouche au nom d'Apophis, dans un manuscrit hiératique relatif au règne et aux victoires de Sésostris, qu'Apophis ne fut qu'un chef d'Arabes qui firent une invasion dans la Basse-Egypte, d'où ce prince les expulsa, vers 1330 avant J.-C. Cet exploit de Sésostris est encore constaté par les tableaux figuratifs du Rhamesséum de Medinet-Habou. Ainsi Apophis n'a pu être roi au temps de Joseph.

Selon la chronique d'Artapan, les premiers rois qui opprimèrent les Hébreux furent Palmanothès, de Tanis, et Chenephrès, roi de la contrée au-dessus de Memphis, c'est-à-dire de la Thébaïde. Palmanothès fonda Cissa (Xoïs) et y éleva un autel. C'est là l'origine de la dynastie Xoïte de Manéthon. Le même roi construisit un temple à Héliopolis, ville de la Basse-Egypte, célèbre par le tombeau de Phénix *. C'est sa fille Merrhis qui sauva Moïse des eaux du Nil. Cette princesse épousa le roi thébain Chenephrès, qui par là réunit les états de son beau-père à son royaume de Thèbes.

Palmanothès fit construire par les Hébreux les villes de magasin Ramessès (depuis Pharbœtus) et Phithom (Patumos), et employa ce peuple, dit l'Exode, à de durs ouvrages de mortier et de brique : *operibus duris luti et lateris.* Effrayé de l'accroissement de leur nombre, il rendit la loi qui ordonnait de mettre à mort leurs mâles nouveau-nés. Chenephrès continua l'oppression des Hébreux et introduisit le culte d'Apis dans la Basse-Egypte. C'est sous son règne que Moïse s'enfuit dans l'Arabie, où il épousa la fille de Raguel, prêtre des Madianites.

Comme Ahmosis passe pour avoir commencé l'expulsion des Pasteurs, ou Hycksos, c'est ici le lieu d'en parler.

Manéthon et son copiste Josèphe comptent deux invasions de Pasteurs en Egypte. La première eut lieu sous un roi indigène, nommé Timaos, qu'ils parvinrent à détrôner. Alors ils s'emparèrent du nord de l'Egypte jusqu'à Memphis, et donnèrent plusieurs rois, dont les durées de règnes varient, suivant les divers interprètes, de 905 à 259 ans. Josèphe compte six de ces rois : Salathis, qui fit la conquête, Bœon, Apachnas, Apophis, qui aurait eu Joseph pour

---

* Le Phénix est, suivant Théodore Perrin (*(Origine des dieux)*, une fiction relative au patriarche Joseph, rendant les derniers devoirs à son père.

ministre, Janias et Aseth. Eusèbe n'en compte que quatre : Saïtes, Bœon, Archles, Apophis. Manéthon ajoute qu'Ahmosis vainquit les Pasteurs, les força à se renfermer dans leur camp retranché d'Aouaris, qu'après sa mort, Aménophis I, son fils, à la tête d'une armée de 480,000 hommes, assiégea cette place, et qu'ayant reconnu, après plusieurs tentatives d'assaut, l'impossibilité de la prendre, il accorda aux Pasteurs une capitulation par suite de laquelle ils évacuèrent l'Egypte.

Cette première invasion des Pasteurs arabes n'est évidemment qu'une altération de l'histoire du séjour des Hébreux et une fable des prêtres égyptiens, inventée pour faire croire au peuple que longtemps avant Ahmosis, qui réunit toute l'Egypte, Thèbes et Memphis avaient eu les mêmes rois. *Timaos* est un nom grec qui certainement ne fut porté par aucun égyptien de cette époque. Josèphe dit que les Hycksos étaient le même peuple que les Israélites, et aucun des auteurs grecs, Hérodote, Diodore et Eratosthène ne font mention des Rois-Pasteurs.

La seconde invasion de Pasteurs eut lieu, dit Josèphe, sous un roi Aménophis qu'ils contraignirent à se retirer en Ethiopie ; mais ils furent expulsés treize ans plus tard par son fils Sethos. Ce Sethos n'est autre que Sésostris qui, du vivant de son père Menephtha I, repoussa une invasion d'arabes commandés par un chef nommé Apophis.

Revenons au roi Ahmosis. Ce prince est le bisaïeul de Thoutmès III, dit Mœris, qui régnait encore, ainsi que nous le verrons, l'an 1444 avant l'ère chrétienne. Comme les règnes d'Aménophis I, de Thoutmès I et de Thoutmès II, ses successeurs, occupent un intervalle de près de 60 ans, il en résulte qu'Ahmosis-Chneb-ros est bien le Chenephrès d'Artapan. Ahmosis est encore le *Chouter* d'Eratosthène et le *Choüs* qui, suivant Manéthon, fonda le culte du taureau Apis à Memphis et celui du bœuf Mnévis à Héliopolis.

Avant lui, la Basse-Égypte n'était pas encore complètement payenne, puisque l'Israélite Joseph épousa Aseneth, fille de Putiphar, prêtre d'Héliopolis. La religion qui y était encore en vigueur, était la religion primitive de Noé et de Cham. Ahmôsis-Chenephrès y introduisit, dit Artapan, le culte d'Apis.

Avant Ahmôsis, la ville de Memphis, si elle existait déjà, n'était qu'un bourg sans importance qui n'est pas nommé une seule fois dans le Pentateuque; les rois du pays résidaient alors à Tanis * et à Cissa. Ahmôsis, ou peut-être Horus, l'un de ses successeurs l'agrandit et la fortifia : « Memphis, dit Diodore, « avait 150 stades de circuit (5 lieues ½) du côté « du midi. Le roi Uchoréus fit une levée fort haute. « A droite et à gauche, il creusa un lac très-profond « pour recevoir le fleuve. Ce lac était revêtu de « pierres, et, du côté de la ville, rehaussé par de « fortes chaussées : le tout pour mettre la ville en « sûreté contre les inondations du Nil et contre les « attaques des ennemis. »

Ahmôsis-Chenephrès mourut de la lèpre, après avoir régné environ 25 ans **.

1520.   **Aménophis I.**

Ce roi est désigné par Josèphe comme le dernier Pharaon qui opprima les Hébreux. A cause de sa persistance à vouloir les retenir dans ses états, son royaume fut frappé des dix plaies rapportées par l'Exode, et le roi lui-même, en poursuivant ce peuple, auquel cependant il avait permis de quitter l'Egypte, fut englouti, avec son armée, dans les eaux de la

---

* Nombre, c. 13, v. 23, David, Psaume 77.
** Champollion a découvert une inscription funéraire, relative à Ahmès, chef des nautonniers au service du roi Ahmôsis, constatant des combats livrés par ce roi l'an 6 du règne au midi, dans le pays des Ethiopiens, ainsi que des combats maritimes. Mais on n'est pas d'accord sur la résidence royale qui y est indiquée. Champollion lisait *Tanis*; M. de Rougé lit *Soulven*, depuis Elithya et El-Kalb.

mer Rouge, après que les Israélites l'avaient traversée à pied sec (1491).

Le passage de la mer Rouge par les Hébreux est attesté par cette phrase de Diodore : « Il y a, dit-il, « dans tout le pays, une ancienne tradition, transmise des pères aux enfants depuis plusieurs siècles, « qu'autrefois, par un reflux extraordinaire, la mer « avait été entièrement desséchée, en sorte qu'on « voyait le fond, et que bientôt après les eaux, « par un flux violent, avaient repris leur première « place. »

Le séjour des Hébreux en Égypte, depuis la venue de Jacob avec sa famille dans ce pays, avait duré 214 ans. Aménophis I régna environ trente ans.

Thoutmosis ou Thoutmès I.

Ce prince, fils d'Aménophis I, commença la construction des édifices de Medinet-Habou, à Thèbes. Il régna environ treize ans, et mourut sans laisser d'enfants mâles.

Thoutmès II et Amensé.

Thoutmès II était un égyptien qui avait épousé Amensé, sœur du roi précédent. Thoutmès II régna environ vingt ans : il continua la construction des édifices de Medinet-Habou. Champollion croit qu'Amensé régna seule, après son mari, pendant quelques années. Il dit que c'est cette reine qui fit élever les obélisques de Karnac et le temple d'El-Assasif, dédié au dieu Ammon-Ra. On sait que le dieu Ammon, de l'Afrique, était Cham divinisé. Les Égyptiens représentaient Ammon sous la forme d'une tête de bélier.

Thoutmès II fit construire encore le spéos d'Ibrim et les temples de Samneh et de Contra-Samneh en Nubie.

1459. Thoutmès III, dit Mœris.

Ce roi était fils de Thoutmès II et d'Amensé; il connu surtout par le lac qui porte son nom. Comme l'Egypte était plus ou moins fertile selon qu'elle était plus ou moins inondée par le Nil, et que, dans cette inondation, le trop et le trop peu étaient également funestes aux terres, le roi Mœris pour corriger les irrégularités des crues du Nil, songea à faire venir l'art au secours de la nature. Hérodote, Diodore et Pline disent qu'il fit creuser le lac Mœris de 3600 stades (180 lieues) de tour, et de 300 pieds de profondeur. Mais ces auteurs n'ont pas compris le travail de Mœris, lequel, dans ces proportions gigantesques, eût été tout à fait impossible. Pomponius-Mela donne à ce lac 20,000 pas de circuit, faisant sept à huit lieues. Deux pyramides, portant chacune une statue, s'élevaient de 300 pieds au milieu du lac, et occupaient sous les eaux un pareil espace.

Le lac Mœris des anciens n'était pas le lac naturel qui a existé de tout temps et qu'on appelle *Birket-el-Keroun*, ou lac de *Fayoum*, d'un vieux mot *Piom* qui signifie *marais*. C'était un grand réservoir retenu par un barrage placé en avant et à quelque distance du lac. Ce réservoir immense se remplissait d'eau à l'époque de l'inondation et se vidait peu à peu pour l'arrosement des terres inférieures, lorsque le fleuve était rentré dans son lit. M. Linant a retrouvé récemment les restes du barrage.

Le lac Mœris communiquait au Nil par le moyen d'un grand canal qui avait plus de 80 stades (4 lieues) de longueur et 50 pieds de largeur. De grandes écluses ouvraient le canal et le lac, ou les fermaient selon le besoin. Pour les ouvrir ou les fermer, il en coûtait 50 talents, c'est-à-dire 50,000 écus. La pêche de ce lac valait au prince des sommes immenses. La crue moyenne du Nil était de 21 coudées à Thèbes et de 14 à Memphis.

La crue du Nil commence vers le milieu du mois de juin, et finit dans le courant d'octobre. Dès que les eaux sont retirées, on sème, et la moisson se fait vers le mois de mars. Le débordement du Nil est l'effet des grandes pluies qui tombent dans l'Ethiopie d'où ce fleuve tire sa source.

Mœris se signala encore par d'autres travaux. Il

continua les constructions de Medinet-Habou, fit élever les temples d'Elithya (El-Kalb), d'Edfou et d'Eléphantine. Il éleva les propylées du grand temple de Phtha (Vulcain) à Memphis, ainsi que les obélisques qui sont aujourd'hui à Saint-Jean de Latran, à Alexandrie et à Constantinople. Enfin il fonda le palais de Karnac et l'enrichit d'une table généalogique des rois ses prédécesseurs. Une inscription, transportée de Karnac au Louvre, énonce que Thoutmès III, se dirigeant par le pays des *Roten-nous* (l'Egypte), s'approcha de Satesch, au pays d'Amara (des Amorrhéens), pilla cette ville et la rasa. Le pays d'Amara était sur la route d'Egypte vers la Mésopotamie. Pendant son expédition, sa sœur Mephra fut régente de l'Egypte.

Un calendrier sculpté à Eléphantine sous ce règne, indique un lever héliaque de Sirius visible à Eléphantine sous Thoutmès III, le 27 du mois Epiphi. Ce lever de Sirius a été placé par M. Biot en l'année 1444 avant J.-C. L'année 1444 est donc une des années du règne de Thoutmès III. La durée de ce règne fut d'environ 26 ans.

Aménophis II.

Aménophis II, fils et successeur de Mœris, fit construire les temples d'Amada et de Kalabschi en Nubie. Il régna environ 25 ans. Le papyrus de Turin énonce une vingt-quatrième année de ce règne.

Thoutmès IV.

Ce prince continua le temple d'Amada et remporta sur les Libyens une victoire constatée par une inscription gravée sur les rochers de Philœ. Il régna environ 9 années.

Aménophis III.

Aménophis III fonda le *Sérapéum* de Memphis, le *Memnonium* et le palais de Louqsor.

Le Sérapéum ou temple de Sérapis avait des souterrains dans lesquels se trouvaient les chambres sépulcrales des Apis : ces chambres ont été récemment découvertes par M. Mariette. Le *Sérapéum* avait été bâti pour la tombe d'Apis ; d'où il suit que Sérapis n'est autre qu'Apis mort. Ce monument était situé en dehors de Memphis, sur l'une des collines sablonneuses qui s'étendaient à l'ouest de cette ville. Il se composait d'une allée de sphinx, longue de 1,900 mètres, qui traversait, en serpentant, les tombeaux dont cette partie du désert est couverte. La tombe d'Apis est divisée en trois parties. La première comprend les chambres des Apis morts depuis Aménophis III jusqu'à Rhamsès II ; la deuxième comprend celles depuis Rhamsès II jusqu'à Psammetichus I ; la troisième celles depuis ce roi jusqu'aux derniers des Lagides.

Les avis sont partagés sur l'origine du culte d'Apis. Les uns croient que le taureau Apis représentait Osiris, le législateur de Thèbes ; les autres pensent qu'on voulait honorer ainsi les services que cet animal rend à l'agriculture. Diodore fait entendre que le bœuf Apis était une personnification du Nil. Nous ne reproduirons pas les détails si connus sur le deuil général en Egypte à la mort du bœuf Apis, sur les réjouissances qui avaient lieu quand on l'avait retrouvé, et sur les marques auxquelles on le reconnaissait.

Le second monument du règne d'Aménophis III est le *Memnonium* dont Champollion décrit, en ces termes, les débris encore existants :

« A l'extrémité de ruines qui laissent encore apercevoir, sur une surface d'environ 1,800 pieds de longueur, des portions de colosses, des débris d'architraves, des fûts de colonnes et des fragments d'énormes bas-reliefs que le limon du fleuve n'a pas encore enfouis, s'élèvent, en dominant la plaine de Thèbes, les deux fameux colosses, dont l'un, celui du nord, jouit d'une si grande célébrité sous le nom de colosse de Memnon *. Formés chacun

---

* Ce nom de Memnon a été donné par les Grecs à Aménophis III, parce que sa statue colossale avait été élevée au

d'un seul bloc de grès-brèche, transportés des carrières de la Thébaïde supérieure et placés sur d'immenses bases de la même matière, ils représentent tous deux un Pharaon assis, les mains étendues dans une attitude de repos. L'inscription du dossier, au colosse du sud porte :

« L'Aroeris puissant, le roi-soleil, seigneur de
« vérité, le fils du soleil, le seigneur des diadèmes,
« Amenótph, le modérateur de la région pure, le
« bien-aimé d'Amon-Ra, l'Horus resplendissant,
« celui qui a agrandi la demeure (*lacune*)... à tou-
« jours a érigé ces constructions en l'honneur de son
« père Ammon : il lui a dédié cette statue colossale
« de pierre dure. »

Et sur les côtés des bases on lit en grands hiéroglyphes de plus d'un pied de proportion, exécutés, surtout ceux du colosse du nord, avec une perfection et une élégance au-dessus de tout éloge, la légende particulière contenant les noms du roi que les colosses représentent.

« Le seigneur souverain de la région supérieure
« et de la région inférieure, le réformateur des
« mœurs, celui qui tient le monde en repos, l'Horus
« qui, grand par sa force, a frappé les Barbares
« (les Éthiopiens), le roi-soleil, seigneur de vérité,
« le fils du soleil, Amenôthph, modérateur de la
« région pure, chéri d'Amon-Ra, roi des Dieux. »

Ce sont là les titres et les noms du roi Aménophis III. Ces deux colosses décoraient, selon toute apparence, la façade extérieure du principal pylone (portail) de l'ancien palais de l'*Amenophium*. Deux

quartier de Thèbes, sur la rive gauche du Nil, appelé *Memnonia*, mot égyptien qui veut dire lieu de sépulture. Ce mot *Memnonia* dut frapper les Grecs, qui s'imaginèrent que le colosse d'Aménophis III avait été élevé en l'honneur de leur demi-dieu Memnon, fils de Tithon et de l'Aurore. Pausanias lui-même convient que ce colosse représentait un roi du pays, nommé Pharaon-Amenoph.

figures de femmes sont représentées au trône de chacun des colosses : la figure de gauche est la mère du roi, nommée *Tmau-hem-va;* celle de droite est *Taïa,* son épouse.

On a beaucoup parlé du son que rendait la statue de Memnon, lorsqu'elle était frappée des rayons du soleil levant. Strabon rapporte qu'il entendit ce son, mais il doute qu'il vînt de la statue. Ce phénomène, qui ne se reproduit plus actuellement, est ainsi expliqué par M. de Rozière, ingénieur : « Il est constaté, dit-il, que les granits et les brèches produisent souvent un son au lever du jour, et, quant à la statue de Thèbes, les rayons du soleil venant à frapper le colosse, ils séchaient l'humidité abondante dont les fortes rosées de la nuit avaient couvert sa surface, et ils achevaient ensuite de dissiper celle dont ces mêmes surfaces dépolies s'étaient imprégnées. Il résulta de la continuité de cette action, que des grains ou des plaques de cette brèche cédant et éclatant tout à coup, cette rupture subite causait dans la pierre rigide et un peu élastique un ébranlement, une vibration rapide, qui produisait ce son particulier que faisait entendre la statue au lever du soleil. » Telle était la cause de ce son que les Grecs disaient être le salut de Memnon à l'Aurore, sa mère.

Le palais de Louqsor, autrefois appelé *Aménophium,* fut commencé par Aménophis III et continué par ses successeurs Horus et Rhamsès I. A l'extrémité nord se présente l'entrée du palais. C'est un pylone composé de deux massifs pyramidaux entre lesquels est ménagée une porte de 52 pieds de hauteur, surmontée d'une corniche élégante; les massifs ont 18 pieds en plus d'élévation et 92 pieds d'étendue de chaque côté de la porte. La surface de chaque massif est couverte de bas-reliefs de 50 pieds de haut, relatifs aux guerres et victoires du grand Sésostris. En avant du pylone étaient quatre statues colossales, chacune d'environ 40 pieds de hauteur et d'un seul bloc, et en avant des colosses étaient les obélisques de granit rose, l'un desquels a été transporté à Paris

C'est Aménophis III qui a bâti la série d'édifices qui s'étend du sud au nord, depuis le Nil jusqu'aux quatorze grandes colonnes de 45 pieds de haut, dont les masses appartiennent encore à ce règne. Sur toutes les architraves des autres colonnes, au nombre de 105, la plupart intactes, qui ornaient les cours et les salles intérieures, on lit en grands hiéroglyphes, des dédicaces faites au nom de ce roi. Des fouilles en grand, exécutées depuis peu par MM. Salle et Jani, ont mis à découvert une foule de bases de colonnes, et un grand nombre de statues léontocéphales en granit noir, et deux sphinx, ayant des proportions colossales, à tête humaine, en granit rose, représentant aussi le roi Aménophis.

Ce roi fit élever à Éléphantine, un temple en l'honneur du dieu Chnouphis, forme d'Amon accompagnée d'un serpent. Ce temple a été détruit récemment.

Quant aux actions guerrières de ce prince, une inscription gravée sur l'un des rochers près de Philœ, énonce que Pharaon Aménophis III passa dans ces contrées et y tint une panègyrie (ou réunion solennelle) la 5e année du règne, au retour d'une expédition dans laquelle il venait de soumettre les Éthiopiens.

Aménophis III régna environ 30 ans. Il est le premier roi qui fut inhumé dans les sépultures royales de la vallée de Biban-el-Molouk, près de Thèbes, où on compte seize tombeaux.

HORUS.

Horus, fils du roi précédent, prit son nom du dieu Horus, fils d'Osiris et d'Isis. Ce prince édifia le petit temple de Ghebel-Addeh en Nubie et commença le spéos (temple creusé dans une montagne) qu'on voit à Silsilis ; les bas-reliefs de ce spéos indiquent la conquête du pays de Kousch (l'Éthiopie) par Horus.

Horus paraît être l'Uchoreus qui, suivant Diodore, fit à Memphis une levée très-haute, et entoura cette ville d'un lac ou fossé très-profond pour recevoir les eaux du Nil.

Ce roi est inscrit sur la table d'Abydos *Setepen-ra-Her*. Le Musée de Turin possède deux groupes sculptés en son honneur.

Horus régna environ 26 ans. Comme il ne laissa pas d'enfants mâles, son successeur fut Rhamsès I, époux de sa fille Tmahumot.

Rhamsès I.

Ce prince orna le temple d'Ouadi-Halfa en Nubie, dédié à Ammon, et éleva les quatre dernières colonnes du temple de Louqsor. On voit encore, sur une stèle à Ouadi-Halfa, l'inscription énonçant la dédicace faite à Ammon de ce temple, par Rhamsès I, le 20 méchir de l'an 2 du règne. Ce roi ne régna que 12 ans.

Rhamsès II, dit Menephtha.

Ce roi est inscrit sur la table d'Abydos, sous les noms de *Rhamsès-Seti-Meri-en-pteth*, d'où on a fait Menephtha I. Sous son règne, les Hycksos ou pasteurs Arabes, qui s'étaient avancés jusques vers Memphis, furent expulsés de l'Egypte par son fils Rhamsès-Sésothis, le Séthos ou Sésostris des historiens. Cet évènement est rapporté par Josèphe et indiqué, soit par le manuscrit hiératique portant le cartouche-prénom du chef Arabe Apophis et relatif aux victoires de Sésostris (manuscrit dont nous avons déjà fait mention), soit sur les bas-reliefs du spéos de Beït-Oualy en Nubie. Ces bas-reliefs forment autant de tableaux concernant les campagnes faites par ce prince, du vivant de son père, contre les Arabes, les Ethiopiens, les Bischaris et les Nègres. Sur un tableau, le roi Rhamsès II est représenté assis sur son trône, et son fils Sésostris lui présente un groupe de prisonniers arabes asiatiques. Un second tableau représente de même Rhamsès II assis dans un naos (châsse), accueillant, avec un geste de la main, son fils Sésostris qui lui présente un chef Ethiopien et quelques Bischaris prisonniers.

Rhamsès II, fit construire le Spéos-Artemidos ou temple de Pascht situé à Beni-Hassan-el-Gadim. Pascht, appelé aussi Bubastis et Artemis, était la Diane de l'Egypte. Le chat lui était particulièrement consacré. Le fond de la vallée entre l'Ouadi et la grotte de Pascht, est encore une nécropole de momies de chats disposées par bancs et pliées pour la plupart dans des nattes *.

Mais le principal monument du règne de Rhamsès II est le palais de Kourna appelé aussi le *Menephtéum*, de Menephtha, l'un de ses noms. Ce palais, situé à Thèbes, fut édifié en partie par ce roi et terminé par Sésostris. Sous le rapport de l'art, ce palais est un des édifices les plus remarquables de l'Egypte. « Quoique très-inférieur par l'étendue, aux grands édifices de Thèbes, tels que le *Rhamesséum* et les masses de Medinet-Habou, dit Champollion-Figeac, la magnificence de la décoration, la profusion des sculptures, la beauté des matériaux et la recherche dans l'exécution prouvent que cette habitation fut jadis celle d'un souverain riche et puissant Ce qui reste de ce palais occupe seulement l'extrémité d'une belle façade, où s'élève un portique ayant plus de 150 pieds de long, 30 pieds de hauteur et soutenu par dix colonnes dont le fût se compose d'un faisceau de tiges de lotus, et le chapiteau des boutons de cette même plante tronqués pour recevoir le dé. Sur les quatre faces de ce dé, sont sculptées avec beaucoup de recherches les légendes royales de Menephtha et de Sésostris. Les noms et prénoms de ces rois sont également inscrits sur le fût des colonnes, mais accolés et renfermés dans un tableau carré. »

Dans une grande salle de 48 pieds de long sur 33 de large, ornée de six colonnes, on lit au plafond l'inscription suivante. « *Le seigneur du monde, soleil* « *stabiliteur de justice, a fait ces constructions en* « *l'honneur de son père Amon-Ra, le seigneur*

* Champollion, Egypte ancienne.

« *des trônes du monde et qui réside dans la divine*
« *demeure du fils du soleil Menephtha-Borei, à*
« *Thèbes, sur la rive gauche, il (ce roi) a fait cons-*
« *truire l'habitation des années (le palais) en pierre*
« *de grés blanche et bonne, et un sanctuaire pour le*
« *seigneur des dieux.* »

La seconde inscription de ce même plafond, celle
de gauche, avertie que cette grande salle fut le *Ma-
nôskh*, la salle d'honneur, le lieu où se tenaient les
assemblées religieuses et politiques, où siégeaient les
tribunaux de justice ; c'est aux salles de cet ordre
qu'était donné le nom de salle *hypostyle*. De nom-
breux tableaux sculptés décorent celle du *Menephtéum:* ils représentent le fondateur du palais offrant
des parfums et des fleurs aux trois dieux Amon-Ra,
Mouth et Khons de la triade thébaine. Les parois,
aux deux côtés de la porte, sont de même couvertes
de bas-reliefs représentant ces dieux adorés par un
autre roi.

Rhamsès II fit creuser, dans le rocher de Silsilis,
une chapelle dont il reste des bas-reliefs remarquables, et éleva l'obélisque qui est maintenant à la
porte du Peuple, à Rome. Cet obélisque a 24^m,57
de hauteur.

Nous ne reproduirons pas les détails romanesques
de Diodore sur l'éducation que Menephtha fit donner
à son fils Sésostris, sur les 1700 jeunes compagnons
nés le même jour que lui dont il l'entoura, les exer-
cices gymnastiques qu'il lui imposa, etc. Ces détails
sentent trop la fiction pour qu'on les fasse entrer dans
une histoire sérieuse.

Rhamsès II régna 9 ans. Il fut inhumé parmi les
sépultures de Biban-el-Molouk. Belzoni a reproduit
les principales salles de son magnifique tombeau au
rez-de-chaussée d'une maison de Paris, par le mou-
lage en plâtre des bas-reliefs.

1320. RHAMSÈS III, dit SÉSOSTRIS.

Il est aussi appelé Sésothis, Sésoosis et Rhamsès-
Meïamoun (*Meïamoun* signifie *chéri d'Amon*).

2*

Ce prince, qui avait déjà combattu avec succès, du vivant de son père, contre les Arabes et les Éthiopiens, une fois monté sur le trône, ne se proposa, disent les historiens, rien moins que la conquête du monde. Avant de partir pour ses expéditions, il divisa l'Egypte en trente-six gouvernements ou *nomes*, et il les donna à des personnes du mérite et de la fidélité desquelles il était assuré.

Son armée, suivant Diodore, se montait à 600,000 hommes et 24,000 chevaux, sans compter 27,000 chars armés en guerre. Nous n'avons pas besoin de prémunir le lecteur contre l'exagération de pareils chiffres, surtout pour un pays comme l'Egypte qui n'a jamais eu plus de sept à huit millions d'habitants.

Il commença son expédition par l'Ethiopie, située au midi de l'Égypte. Il la rendit tributaire, et obligea les peuples de lui payer tous les ans une certaine quantité d'ébène, d'ivoire et d'or. Il avait équipé une flotte qu'on porte à 400 voiles, avec laquelle il se rendit maître des îles et des places situées sur les bords de la mer Rouge.

Puis il parcourut et soumit l'Asie avec son armée de terre, pénétra dans les Indes et alla plus loin qu'Alexandre ne fit depuis, puisqu'il soumit le pays au-delà du Gange, et qu'il s'avança jusqu'à l'Océan. Les Scythes, jusqu'au Tanaïs, lui furent assujettis, aussi bien que l'Arménie et la Cappadoce. Il laissa une colonie dans l'ancien royaume de Colchos, situé vers la partie orientale de la mer Noire. Hérodote a vu, dans l'Asie mineure, d'une mer à l'autre, les monuments de ses victoires. On lisait, en plusieurs pays, cette inscription gravée sur des colonnes· « *Sésostris, le roi des rois et le seigneur des seigneurs, a conquis ce pays par ses armes.* Il y en avait jusques dans la Thrace et il étendit son pays depuis le Gange jusqu'au Danube.

La difficulté des vivres l'arrêta dans la Thrace et l'empêcha d'entrer plus avant dans l'Europe. Ce conquérant ne songea pas, comme les autres, à maintenir sa domination sur les nations vaincues, mais, se bornant à la gloire de les avoir assujetties, après avoir couru le monde pendant neuf ans, il se renferma presque dans les anciennes bornes de l'Egypte.

De retour dans son royaume, il employa le repos que la paix lui laissait, à construire des ouvrages où l'art et l'industrie des ouvriers se faisaient encore plus admirer, que la grandeur des dépenses qu'il y avait faites. Il mettait sa gloire, en construisant ces monuments, à ménager ses sujets et à n'y faire travailler que les captifs qu'il avait ramenés de ses expéditions. Le *Rhamesséum* de Medinet-Habou, le temple de Phtha à Peluse, celui d'Ibsamboul en Nubie, les obélisques et les colosses de Louqsor sont autant de témoignages de la magnificence de Sésostris et de sa piété envers ses dieux.

Le grand palais de Medinet-Habou, appelé le *Rhamesséum*, était composé de plusieurs corps de logis, de cours et de pavillons, de grands et de petits appartements. Les façades principales étaient percées de belles fenêtres, décorées avec beaucoup de goût et ornées de balcons. L'édifice, entièrement construit en pierre, s'élevait de trois étages; des barbares, en état de prisonniers, sculptés en saillie, formaient les consoles qui supportaient la plate-forme. L'intérieur des appartements était orné de scènes domestiques sculptées en relief sur les parois des murs. La peinture ajoutait à l'effet de ces compositions. Ce palais, commencé par Thoutmès II qui y fit construire les six plus anciennes salles, fut décoré et augmenté par Mœris et par Sésostris. Les tableaux sculptés et peints qu'on observe, soit sur les faces extérieures des massifs placés devant les pylones, soit sur les parois des murs et des galeries environnant la grande cour, rappellent les exploits des Pharaons, par les images et les noms des peuples vaincus, et aussi par celles du conquérant et de la divinité protectrice à laquelle il attribuait sa victoire.

La face antérieure du massif de droite est occupée

par une figure colossale de **Rhamsès-le-Grand** levant sa hache d'armes sur un groupe de prisonniers barbus dont sa main gauche saisit les chevelures ; le dieu **Amon-Ra** présente au vainqueur la harpe divine en disant: *Prends cette arme, mon fils chéri, et frappe les chefs des contrées étrangères.* Le soubassement de ce vaste tableau est composé des chefs des peuples soumis par **Rhamsès III**, agenouillés, les bras attachés par des liens derrière le dos. Des légendes hiéroglyphiques donnent les noms des peuples vaincus, ceux du pays de **Kouschi** (l'Ethiopie, de **Chus**), de **Terosis** et de **Toroao** en Afrique, de **Robou** et de **Moschausch** en Asie. Un tableau, avec son soubassement, au massif de gauche, désigne le chef de la mauvaise race du pays de **Schéto** ou **Chéta** (des Scythes-Bactriens), le chef de la mauvaise race du pays d'**Aumôr**, le grand du pays de **Fekkaro**, le grand du pays de **Schairotona**, (contrée maritime), le grand du pays de **Schakalascha**, le grand du pays maritime de **Touischa**, tous peuples asiatiques.

Sur le massif de gauche d'un autre pylone, le dieu **Phtha-Soccharis** livre à **Rhamsès** treize contrées asiatiques, conquises par celui-ci dans la XIIe année du règne. Ailleurs, le dieu **Amon-Ra** donne la harpe à **Rhamsès** pour frapper vingt-neuf peuples du nord et du midi, en Arabie, desquels il fit la conquête l'an XIe du règne. Le même pylone retrace une campagne contre les **Moschausch**, en Asie, la même année.

Un second pylone, au fond de la grande cour, figure les victoires de ce prince dans son expédition contre les **Schakalascha**, les **Fekkaro**, les **Pourosato**, les **Taonou** et les **Ouschascha**, peuples **Hindous**, la IXe année du règne ; il y est également question des contrées d'**Aumôr** et d'**Oreksa**, ainsi que d'une bataille navale.

D'autres tableaux, sur les parois des galeries d'une cour de ce palais, retracent les circonstances d'une guerre contre les **Robou**, peuple asiatique ayant un costume tout à fait analogue à celui des

Assyriens et des Mèdes, figurés sur les cylindres babyloniens : une inscription indique trois mille morts et mille prisonniers dans cette guerre, qui eut lieu la Ve année du règne. Enfin, la muraille au nord retrace deux campagnes de la XIe année du règne : la première contre les Moschausch et les Robou *, qui laissèrent 2,535 morts ; la deuxième contre les Fekkaro, les Schakalascha, les Schairotona et autres peuples de physionomie hindoue ; des combats sur terre et sur mer y sont figurés ; le roi est arrêté quelque temps devant une place forte nommée *Mogadiro.*

Sur le revers d'un pylone existe un autre tableau relatif à une campagne contre la grande nation de Chéto ou Skhéta : le roi, debout sur son char, prend une flèche dans son carquois, fixé sur l'épaule, et la décoche contre une forteresse remplie de barbares.

Tous ces tableaux et inscriptions établissent surabondamment que le roi thébain Osymandyas, vainqueur des Scythes-Bactriens, sur lequel les prêtres d'Egypte débitèrent tant de fables à Diodore, n'était autre que Rhamsès-Sésostris, qu'ainsi le monument qui retraçait ses victoires est le *Rhamesséum* de Medinet-Habou. Le cercle d'or de 565 coudées de circuit, indiquant le cours des astres, fut, suivant Diodore, enlevé par Cambyse.

Les victoires de Sésostris sont encore figurées sur les obélisques de Louqsor et sur les massifs qui sont devant le pylone de ce palais. Au massif de droite, les envoyés Scythes sont admis en la présence du roi, qui leur fait des reproches, pendant que deux égyptiens administrent la bastonnade à deux prisonniers ennemis. Au bas du tableau, l'armée égyptienne est en marche, et à l'une des extrémités se voit un engagement entre les chars des deux nations. La partie gauche de ce massif offre l'image d'une série

---

* Ce sont les Mosques et les Ibériens (ou Géorgiens).

de forteresses, desquelles sortent des égyptiens emmenant des captifs ; les légendes sculptées sur les murs de chacune d'elles donnent leurs noms, actuellement effacés, avec la date de la prise, qui est de l'an VIII du règne.

Près de là se trouve un grand tableau de guerre : l'extrémité gauche figure une vaste plaine où le roi Rhamsès III a vaincu les Schéto, qui sont en pleine déroute. Deux fils du roi sont à leur poursuite : les Schéto se dirigent à la droite du tableau, figurant le siége d'une ville, dont une fracture ne laisse voir que les dernières lettres nominales *apouro*. Quatre autres fils du conquérant sont établis sous les murs de la ville assiégée ; les assiégés opposent une vigoureuse résistance, mais déjà les égyptiens ont dressé les échelles, et les murailles vont être escaladées.

Un papyrus, en la possession de M. Sallier, d'Aix, désigne encore les *Jouni* et *Louki* (Ioniens et Lyciens) parmi les peuples vaincus par Sésostris. Il porte la date de l'an IX du règne.

Manéthon rapporte qu'un frère de Sésostris, nommé Armaïs, ayant été chargé par ce roi de gouverner l'Egypte pendant son absence, lui tendit des embûches, à son retour, pour le faire périr, et que son dessein n'ayant pas réussi, il fut obligé de prendre la fuite. Les Grecs appellent Danaüs ce frère de Sésostris et prétendent qu'il se retira vers le Péloponnèse, où il s'empara du royaume d'Argos, fondé 400 ans auparavant par Inachus. Mais ce synchronisme tombe dans le domaine des faits fictifs, aussi bien que l'histoire de Busiris, ce prétendu oncle de Sésostris, lequel faisait mettre à mort tous les étrangers qui abordaient dans le pays, et qui aurait été tué par Hercule.

Sésostris s'occupa d'enrichir les temples de Vulcain à Peluse et à Memphis, en reconnaissance de la protection qu'il croyait en avoir éprouvée, lorsqu'au retour de ses expéditions, son frère avait cherché à le faire périr avec sa femme et ses enfants, en mettant le feu à l'appartement où il était couché à **Peluse**. Enfin, il éleva à Ibsamboul un temple remarquable par les ouvrages d'art qui y sont pratiqués à l'intérieur, et surtout par quatre colosses assis, monolithes de 60 pieds de hauteur qui en décorent l'entrée; ce spéos fut dédié à la déesse Athôr par la reine épouse de Sésostris.

Le grand travail de ce roi fut de faire construire, dans toute l'étendue de l'Egypte, un nombre considérable de hautes levées ou collines factices, sur lesquelles il bâtit de nouvelles villes, afin que les hommes et les bestiaux y pussent être en sûreté pendant les débordements du Nil. Depuis Memphis jusqu'à la mer, il fit creuser, des deux côtés du fleuve, un grand nombre de canaux pour faciliter le commerce et le transport des vivres, et pour établir une communication aisée entre les villes les plus éloignées les unes des autres; outre que par là il rendit l'Egypte inaccessible à la cavalerie des ennemis, qui avait coutume auparavant de l'infester par de fréquentes irruptions. Il fit plus: pour mettre le pays à l'abri des incursions des Syriens et des Arabes, qui en sont fort voisins, il fortifia tout le côté de l'Egypte qui est tourné vers l'Orient, depuis Péluse jusqu'à Héliopolis, c'est-à-dire plus de sept lieues en longueur.

Suivant Elien, Sésostris aurait été instruit par Mercure et aurait appris de lui la politique et l'art de régner. Ce Mercure est celui que les Grecs ont appellé *Trismégiste*, c'est-à-dire trois fois grand. L'Egypte, où il était né, lui doit l'invention de presque tous les arts : elle l'honorait sous le nom de Hermès, figuré sur les monuments sous la forme d'une tête d'épervier *.

---

* On croit que c'est sous son règne que Cadmus porta de Syrie en Grèce l'invention des lettres. Quelques-uns croient que ces lettres étaient les égyptiennes inventées par Hermès ; mais la plupart des savants conviennent que Cadmus porta en

L'histoire représente Sésostris comme un roi très-vain et très-infatué de ses conquêtes. Il avait obligé les rois et les chefs des nations subjuguées à venir, dans de certains temps marqués, rendre hommage à leur vainqueur et lui payer les tributs qu'on leur avait imposés. Dans toute autre occasion, il les traitait avec assez de douceur et de bonté, mais quand il allait au temple ou entrait dans la ville, il faisait atteler à son char ces rois et ces princes, quatre à quatre, au lieu de chevaux, et se croyait bien grand de se faire ainsi trainer par les maîtres et les seigneurs des autres nations.

C'est sous son règne que la ville de Thèbes, qui était sa résidence, acquit cette importance et cette splendeur qui la rendirent si célèbre. Cette ville le pouvait disputer aux plus belles de l'univers. Ses cent portes, chantées par Homère, sont connues de tout le monde et lui ont fait donner le surnom d'Hécatompyle, pour la distinguer de Thèbes en Béotie. Elle n'était pas moins peuplée que vaste, et on a dit qu'elle pouvait faire sortir ensemble deux cents chariots et dix mille combattants par chacune de ses portes. Tout en tenant compte de l'exagération habituelle aux historiens grecs et égyptiens, on n'en reconnaitra pas moins, par les descriptions que nous avons données de ses monuments, que cette ville dut être, à l'époque de sa splendeur, la plus remarquable du monde.

Devenu aveugle dans sa vieillesse, Sésostris se donna la mort, après un règne de trente-trois ans. Une stèle du musée de Florence indique une soixante-deuxième année de Sésostris, mais le récit de Diodore, qui ne lui donne que trente-trois ans de règne et

Grèce les lettres syriennes ou phéniciennes, au nombre de seize, et que ces lettres sont les mêmes que les hébraïques; les Hébreux, qui ne formaient qu'un petit peuple, étant compris sous la dénomination générale de Syriens. A ces seize lettres on en ajouta huit autres plus tard.

qui est confirmé par la chronologie des monuments d'Egypte, établit que cette soixante-deuxième année est une année de sa vie et non pas de son règne.

Un calendrier, placé sur le tombeau de ce roi, dans la vallée de Biban-el-Molouk, indique un lever héliaque de l'étoile Sirius, visible à Thèbes sous ce règne, le premier jour du mois Thôth, qui répondait à notre 20 Juillet. Ce lever de Sirius a été placé par M. Biot l'an 1300 avant J.-C. L'an 1300 est conséquemment une des années de ce règne.

La statue monolithe de Sésostris, qui était au temple de Memphis, a 34 pieds de hauteur, sans la coiffure et la base, qui ont disparu par l'injure du temps.

Rhamsès IV, dit Menephta II.

Ce roi fut le fils et le successeur de Sésostris. Hérodote l'appelle Phéron (abréviation de Pharaon), et rapporte sur lui le trait suivant : « Dans un débordement du Nil, qui fut extraordinaire et qui dépassa dix-huit coudées, indigné du dégât qu'il causerait dans le pays, Phéron lança un javelot contre le fleuve, comme pour le châtier, et il fut puni lui-même sur le champ de son impiété par la perte de la vue. »

Le nom de Menephta II se trouve sur deux stèles à Silsilis et sur les ruines du temple d'El-Assasif, en Nubie, dédié à Amon-Ra. Ce roi régna environ vingt ans.

Seti ou Siphtha.

Siphtha était le gendre de Menephtha II, dont il avait épousé la fille Taoser. Ils régnèrent environ cinq ans et furent inhumés dans la vallée de Biban-el-Molouk.

1240. Rhamsès V, Rhamsès VI.

Les canons et les monuments égyptiens portent les noms de ces deux rois, qui étaient frères, mais sans indiquer les durées de leurs règnes. Un calendrier astronomique, tracé sur le plafond du tombeau de Rhamsès VI, à Biban-el-Molouk, indique un lever héliaque de Sirius qui fut visible à Thèbes sous son règne, le quinzième jour du mois Thôth, et que M. Biot a placé en l'an 1240. L'an 1240 survint par conséquent sous le règne de Rhamsès VI.

Rhamsès VII, Rhamsès VIII.

Ces princes n'ont laissé aucun monument de leurs règnes. Ils furent, comme leurs prédécesseurs, inhumés dans les sépultures de Biban-el-Molouk.

1217.   ### Rhamsès IX.

Rhamsès IX est généralement désigné comme étant le Protée d'Hérodote et le Thuoris de Manéthon, c'est-à-dire le roi d'Egypte contemporain du siége de Troie qui, suivant Castor et les marbres de Paros, commença vers l'an 1217. Les prêtres égyptiens rapportèrent à Hérodote que Paris étant débarqué sur les côtes de l'Egypte avec Hélène, le roi Protée lui fit des reproches sur sa conduite et garda Hélène, afin de la rendre à Ménélas. On conçoit que nous ne garantissons pas la vérité de ce récit.

Rhamsès IX commença la construction du temple de Khons, à Thèbes, qu'on appelle vulgairement le grand temple du sud. La salle hypostyle, qui précède le sanctuaire, est soutenue par huit colonnes : les quatre colonnes du milieu, qui sont les plus hautes, sont à chapiteaux à forme de campane ou de houppe de papyrus ; les autres colonnes sont à chapiteaux à boutons de lotus tronqués. Les titres de Rhamsès IX et de Merira, son épouse, ornent les jambages de la porte et se lisent dans les dédicaces gravées sur les architraves, ainsi que sur les dés et les corniches. Dans les tableaux qui ornent cette salle, le roi est représenté faisant des offrandes à Amon-Ra et à ses autres dieux. Merira, qui est l'Amumartée d'Eratosthène, et dont on a fait par erreur un nom de roi *Raméri*, paraît avoir été régente pendant quelque temps après la mort de son époux. Elle fut inhumée à Biban-el-Molouk, dans le même tombeau que la reine Taoser. Rhamsès IX eut un règne de six ans au moins.

Rhamsès X.

Rhamsès X, le Rhampsinit d'Hérodote, en égyptien *Rhamsès-hek-neter-pen*, fit construire les propylées du temple de Phtha, à Memphis, qui regardent l'Occident. En face des propylées il éleva deux statues, hautes chacune de vingt-cinq coudées, et représentant l'Hiver et l'Eté.

Rhampsinit surpassa, par ses grandes richesses, les rois ses prédécesseurs. Ses trésors, qu'il avait renfermés dans une chambre souterraine, furent plus d'une fois l'objet des entreprises de la cupidité. Hérodote rapporte quelques histoires de vols commis à son préjudice.

Les prêtres égyptiens racontèrent à cet historien que Rhampsinit descendit aux enfers, où il joua aux dés avec Cérès; qu'il fut tantôt vainqueur, tantôt vaincu, et qu'il rapporta un manteau d'or, présent de cette déesse. Les Egyptiens faisaient encore, au temps d'Hérodote, une fête au sujet de cet événement. L'un des prêtres revêtait un manteau tissu pour ce jour; les autres lui couvraient les yeux d'un bandeau, le mettaient sur la voie du temple de Cérès, puis revenaient aussitôt. Le prêtre qui a les yeux bandés est conduit, disaient-ils, par deux loups à ce temple, éloigné de vingt stades de la ville, et il est ramené de même par les loups.

Rhamsès X régna au moins dix-sept ans, et fut inhumé dans la vallée de Biban-el-Molouk.

1180.   Rhamsès XI, dit Chéops, et Rhamsès XII, dit Chephren.

Ces princes sont appelés par Hérodote, Chéops et Chephren, par Diodore, le 1er, Chembès et Chemnis le dernier, Kephren et Chabrys. Mais leurs véritables noms en langue égyptienne, tels que M. Lepsius les a déchiffrés dans les ruines de Ghizeh, sont, pour le premier, *Rhamsès XI Amnischôpsch*, et pour le second, *Rhamsès XII Amnis-chepchf-rem-amn.* *

Hérodote les mentionne comme deux frères, dont le premier aurait régné 50 ans, et le second, après lui, 56 ans: mais il n'est pas probable que le second, s'il était frère du premier, ait régné encore depuis lui, 56 ans. Aussi croyons-nous avec Diodore, que le second était le fils du premier.

Ces deux rois semblaient avoir pris à tâche de se signaler, à l'envi l'un de l'autre, par une impiété ouverte à l'égard des dieux, et par une barbare inhumanité à l'égard des hommes. Ils tinrent les temples fermés pendant tout le temps de leur règne, et défendirent aux Egyptiens, sous de grosses peines, d'offrir des sacrifices. D'un autre côté, ils accablèrent leurs sujets par de durs et d'inutiles travaux, et ils firent périr un nombre infini d'hommes pour satisfaire la folle ambition qu'ils avaient d'immortaliser leurs noms par des sépultures d'une grandeur énorme et d'une dépense sans bornes. Telle est l'origine de ces monuments si connus sous le nom des grandes pyramides de Ghizeh.

La pyramide de Chéops est la plus grande des trois. Bâtie, comme les autres, sur le roc qui lui sert de fondement, carrée par sa base, construite au-dehors en forme de degrés, elle va toujours en diminuant jusqu'au sommet. Elle est bâtie de pierres très-grandes dont les moindres sont de dix mètres, travaillées avec art et couvertes de figures hiéroglyphiques. Le haut de la pyramide qui d'en-bas semble être une pointe ou une aiguille, est une belle plate-forme de dix ou douze grosses pierres, et chaque côté de cette plate-forme est de cinq à six mètres.

* La découverte par M. Lepsius des noms de Rhamnès XI Amnis-chôpsch et de Rhamsès XII Amnis-chepchf-rem-amn dans les ruines de Ghizeh, fait tomber entièrement le système qui plaçait la construction des grandes pyramides à une époque antérieure au séjour des Hébreux en Egypte.

Suivant les mesures trigonométriques prises par M. Nouet, la base est de 227^m,25, la hauteur perpendiculaire de 136^m,95, l'inclinaison des faces sur le plan, de 51° 33′ 44″, et la solidité est d'environ 2,617,000 mètres cubes. La pyramide de Chephren a 207^m,10 de base, 152^m de hauteur et 1,880,000 mètres cubes de solidité.

Les quatre côtés de la pyramide de Chéops sont exposés aux quatre régions du monde, et par conséquent, marquent la méridienne du lieu; l'orientement est exact à environ 0,18′ de degré près ; ce qui est déjà une grande précision, parce qu'il est fort difficile de tracer une méridienne exacte de plus de 700 pieds de longueur, à l'aide de simples alignements.

Cent mille ouvriers travaillèrent à la pyramide de Chéops, et de trois en trois mois un pareil nombre leur succédait. Dix années entières furent employées à couper les pierres, soit dans l'Arabie, soit dans l'Ethiopie et à les voiturer en Egypte, et vingt autres années à construire ce vaste édifice qui au-dedans avait une infinité de chambres et de salles. On avait marqué sur la pyramide, en caractères égyptiens, ce qu'il avait coûté simplement pour les aulx, les poireaux, les ognons et autres pareils légumes fournies aux ouvriers, et cette somme montait à 1600 talents d'argent, c'est-à-dire, 4,500,000 livres ; d'où il était facile de conjecturer combien le reste de la dépense était énorme.

Au milieu de cette pyramide, on remarque un sépulcre vide, taillé tout entier d'une seule pièce, qui a de largeur et de hauteur environ un mètre sur un peu plus de deux mètres de longueur. « Voilà, dit Rollin, à quoi se terminaient tant de mouvements, tant de dépenses, tant de travaux imposés à des milliers d'hommes pendant plusieurs années, à procurer à un prince, dans cette vaste étendue et cette masse énorme de bâtiments, un petit caveau de six pieds. »

Ainsi que le remarque cet historien, les rois qui ont bâti ces immenses sépultures n'ont pas eu le pouvoir d'y être inhumés, car on retrouve les noms de Rhamsès XI Amnischôpsch, et de Rhamsès XII Amnis-chepchf-rem-amn dans les sépultures de la vallée de Biban-el-Molouk avec les rois leurs prédécesseurs.

RHAMSÈS XIII, dit MÉCÉRINUS.

Ce nom, qui est ainsi donné par les grécs, est, suivant M. Lepsius, inscrit sur les monuments égyptiens : *Hek-ma-setepn-ra-Amnis-chepchf.* Hérodote fait ce roi fils de Chéops, mais le long règne de Chephren nous porte à croire qu'il fut plutôt fils de ce dernier.

Mécérinus rouvrit les temples des dieux, rétablit les sacrifices, s'appliqua à soulager les peuples et à leur faire oublier leurs maux passés; et il ne se crut roi que pour rendre la justice à ses sujets et pour leur faire goûter la douceur d'un règne équitable et paisible. Il écoutait leurs plaintes, essuyait leurs larmes, soulageait leur misère et se regardait moins comme le maître que comme le père de ses peuples: aussi en était-il infiniment chéri. Toute l'Egypte retentissait de ses louanges, et son nom était partout en vénération.

Il semble qu'une conduite si sage et si douce aurait dû lui attirer la protection des dieux. Il en fut tout autrement. Ses malheurs commencèrent par la mort d'une fille unique qu'il aimait tendrement et qui faisait toute sa consolation. Il lui fit rendre des honneurs extraordinaires qui existaient encore au temps d'Hérodote. Dans la ville de Saïs, on brûlait pendant tout le jour, des parfums exquis auprès du tombeau de cette princesse, et, pendant la nuit, on y conservait toujours une lampe allumée.

Il apprit, par un oracle, qu'il ne régnerait que sept ans, et comme il en fit ses plaintes aux dieux en demandant pourquoi les règnes de ses deux prédécesseurs, tous deux également impies et cruels, avaient été si heureux et si longs, et pourquoi le sien, qu'il avait tâché de rendre le plus équitable et le plus doux qu'il lui avait été possible, devait être si court et si malheureux. Il lui fut répondu que cela même en était la cause, parce que la volonté des dieux était que le peuple d'Egypte, en punition de ses crimes, fût maltraité et accablé de maux pendant 150 ans, et que son règne qui aurait dû être de 50 ans, comme les précédents, avait été abrégé, parce qu'il avait été trouvé trop doux.

Mecerinus bâtit aussi une pyramide, mais bien moindre que celles des rois précédents. Elle a, selon M. Nouet, 108^m,10 de base, 55^m de hauteur et 195,000 mètres cubes de solidité.

Amenemsès. Actisanès.

Amenemsès, successeur de Mecerinus, est le dernier roi inhumé dans la vallée de Biban-el-Molouk. Il paraît être le même que le roi Amasis I qui, suivant Diodore, fut détrôné par un chef éthiopien nommé Actisanès. Amasis est représenté comme un prince très-dur, qui infligeait des peines à ses sujets contre toute justice et souvent les privait de leurs biens. Aussi s'unirent-ils à Actisanès pour le détrôner.

Tout porte à croire qu'Actisanès est le même que l'Achtoès de Manéthon, lequel paraît avoir résidé à Sethrum, (ou Héracléopolis la petite), près de Peluse *. Manéthon a bâti sur ce roi unique ses deux dynasties d'Héracléopolis, aux 200 et 400 ans de durée. Il représente Achtoès comme un roi cruel qui fut dévoré par un crocodile. Diodore au contraire dépeint Actisanès comme un prince généreux et rempli d'équité.

« Ce roi se comporta, dit-il, d'une manière singulière à l'égard des brigands : il ne condamna pas les

---

* Il n'a pu exister de dynastie d'Héracléopolis-la-grande avant la conquête de l'Egypte par Alexandre, puisqu'alors cette ville s'appelait *Hnès* et qu'elle ne reçut que des Grecs son nom d'Héracléopolis, qui signifie *ville d'Hercule*. Hnès était tout près de la ville royale de Memphis, laquelle, dit M. Bunsen, n'aurait pas souffert si longtemps une dynastie rivale à côté de la sienne.

coupables à mort, mais il ne les laissa pas non plus
entièrement impunis. Réunissant tous les accusés du
royaume, il prit une exacte connaissance de leurs
crimes, il fit couper le nez aux coupables, les envoya
à l'extrémité du désert et les établit dans une ville
qui, en souvenir de cette mutilation, a pris le nom
de Rhinocolure * (en grec *nez coupé*) située sur les
frontières de l'Egypte et de la Syrie, non loin des
bords de la mer; elle est presqu'entièrement dépour-
vue des choses nécessaires aux besoins de la vie. Le
pays environnant est couvert de sel: les puits qui se
trouvent en-dedans de l'enceinte de la ville, contiennent peu d'eau, et encore est-elle corrompue et d'un
goût salé. C'est dans ce pays que le roi fit transporter
les condamnés, afin que, s'ils reprenaient leurs habi-
tudes anciennes, ils ne pussent inquiéter les habitants
paisibles et qu'ils ne restassent pas inconnus en se
mêlant aux autres citoyens. Ces malheureux coupaient
les joncs des environs, et, en les divisant, ils en faisaient de longs filets qu'ils tendaient le long des bords
de la mer, pour faire la chasse aux cailles, assez
nombreuses en ce pays pour assurer leur subsis-
tance. » On ignore la durée du règne d'Actisanès.

MANDOUFTEP.

Après la mort d'Actisanès, les égyptiens élurent
pour leur roi Mandouftep, de Tanis, qui est appelé
aussi Smendès et Mendès. Le nom de Mandouftep
est inscrit sur une stèle funéraire transportée d'Abydos à Paris. Cette stèle fut consacrée par ce roi à la
mémoire d'Aasen et de Hapévé, ses père et mère.
Manéthon lui assigne un règne de 26 ans.

1052.   #### AASEN.

Le successeur de Mandouftep fut son fils Aasen,
appelé aussi Psousennès. Ce roi eut un règne très-
long, car une stèle du Musée de Turin, provenant
d'Abydos, porte une inscription de la 46e année de

---

* Aujourd'hui El-Arich.

ce règne. Par la comparaison des dates, on voit qu'il est le Pharaon qui donna sa fille en mariage à Salomon. C'est aussi lui qui accueillit l'Iduméen Adad fuyant la colère de David, et lui fit épouser la sœur de la reine Taphné, son épouse.

986.   Sésonchis I.

Ce roi est appelé Sésac dans le Livre 3 des Rois. C'est vers lui que se réfugia Jéroboam I, pour éviter la colère de Salomon qui voulait le faire mourir. Jéroboam demeura en Égypte jusqu'à la mort de Salomon, après laquelle il retourna à Jérusalem, et, s'étant mis à la tête des révoltés, il enleva à Roboam dix tribus dont il se fit déclarer roi (978).

La 5ᵉ année du règne de Roboam (972), Sésonchis marcha contre Jérusalem. Il avait lui douze cents chariots de guerre et 60,000 hommes de cavalerie. Le peuple qui était venu avec lui ne pouvait se compter; ils étaient tous Libyens, Troglodytes et Éthiopiens. Sésonchis se rendit maître des plus fortes places du royaume de Juda et s'avança jusque devant Jérusalem. Alors le roi et les premiers de la Cour, ayant imploré la miséricorde du Dieu d'Israël, Dieu leur déclara, par son prophète Semeïas que, parce qu'ils s'étaient humiliés, il ne les exterminerait point comme ils l'avaient mérité, mais qu'ils seraient assujétis à Sésac; afin, leur dit-il, qu'ils apprennent qu'elle différence il y a entre me servir et servir les rois de la terre: *ut sciant distantiam servitutis meœ et servitutis regni terrarum.* Sésonchis se retira donc de Jérusalem, après avoir enlevé les trésors de la maison du Seigneur et ceux du palais du roi. Il emporta tout avec lui et même les trois cents boucliers d'or que Salomon avait fait fabriquer. (Paralip. 2)

L'expédition de Sésonchis I en Judée est figurée sur un monument égyptien. Sur une muraille du grand palais de Karnac, à Thèbes, dans une partie construite par Sésonchis, on trouve une suite de noms de peuples soumis par ce roi. Parmi ces noms, on voit écrits en caractères hiéroglyphiques ces mots:

Iouda hamalek (roi de Juda). Sésonchis est représenté sur un bas–relief conduisant à ses dieux les chefs
de plus de trente nations qu'il a vaincues; ils sont
liés par le cou, et chacun d'eux a près de lui un bouclier crénelé sur lequel son nom est inscrit. C'est sur le
bouclier d'un de ces princes, à barbe pointue et à physionomie asiatique qu'on lit les mots *Iouda hamalek*.

Le palais de Karnac avait été commencé par Mœris
et continué par Menephta II dont il retrace une campagne en Asie. Il n'en reste plus que quelques pans
de murailles, ornés de bas–reliefs.

Sésonchis I régna environ 22 ans. Il est le chef de
la dynastie de Bubaste, qui était sa ville natale.

964.   Ozorchon I.

Ce prince, appelé en hébreu Zoroch (Zara), fut
le fils et le successeur de Sésonchis I. Sur les bas-
réliefs de Karnac, son nom est inscrit : *Amon-Maï-
Ozorchon*. Il est également inscrit sur les colonnes
et les murs du temple de Bubaste.

Le Livre 2 des Paralipomènes donne les détails
suivants sur la guerre qu'il entreprit contre Asa, roi
de Juda.

L'armee d'Ozorchon était composée d'un million
d'hommes et de trois cents chariots de guerre. Asa
marcha au devant de lui, rangea son armée en bataille, et, plein de confiance en son Dieu: « Seigneur,
« lui dit-il, c'est une même chose, à votre égard,
« de nous secourir avec un petit nombre ou avec un
« grand. C'est parce que nous nous confions en vous
« et en votre nom que nous sommes venus contre
« cette multitude. Seigneur, vous êtes notre Dieu.
« Ne permettez pas que l'homme l'emporte sur vous. »
Une prière si pleine de ferveur fut exaucée. Dieu
jeta l'épouvante parmi les Ethiopiens; ils prirent la
fuite et furent défaits sans qu'il en restât un seul.

Le règne d'Ozorchon 1 fut de quinze ans environ.
Ce prince eut pour successeurs les rois suivants,
dont M. Mariette a déterminé les durées de règnes
par les Apis du Sérapéum.

Pehor-Amonsé (*Hor-scha-seb*), figuré comme prêtre de Khons au pronaos du temple du sud, à Thèbes ; il ne régna que quelques mois. — Ozorchon II, 25 ans. — Sésonchis II, quelques mois. — Takelot I, 15 ans. — Ozorchon III, 11 ans. — Sésonchis III, 29 ans. C'est lui qui fit construire le temple de Bubaste, dédié à la déesse Pascht. — Takelot II, 25 ans. — Pikhaï (ou Phischiam), figuré comme prêtre de Khons au temple du sud, 2 ans. — Sésonchis IV, 37 ans. — Ce prince fut le dernier roi de la dynastie de Bubaste.

L'un des Sésonchis (en égyptien *Schischak*) est l'Asychis d'Hérodote. Asychis est l'auteur de la loi sur les emprunts, par laquelle il n'était permis à un égyptien d'emprunter qu'en mettant en gage le corps mort de son père. Cette loi ajoute que, s'il n'a soin de le retirer, en rendant la somme empruntée, il sera privé pour toujours, lui et ses enfants, du droit de sépulture. On conçoit aisément l'importance de cette loi en Egypte, où le culte des morts occupait une si grande place dans les mœurs religieuses du pays *.

Asychis se piqua de surpasser tous ses prédécesseurs par la construction d'une pyramide de brique, plus magnifique, si on en croit Hérodote, que toutes celles qu'on eût vues jusques-là. Il y fit graver cette inscription : *Donnez-vous bien de garde de me mépriser en me comparant aux autres pyramides faites de pierre. Je leur suis autant supérieure que Jupiter l'est aux autres dieux.*

809.   **Ptahawtep, Osortasen.**

Après les rois bubastites régnèrent Ptahawtep (ou Pétubaste), de Tanis, et Osortasen, son fils.

C'est Osortasen qui fit élever à Héliopolis les deux obélisques qu'Auguste fit transporter à Rome. Ces

---

* Voir l'histoire ancienne de Rollin (T. 1, p. 84, s.) sur les cérémonies des funérailles, le mode d'embaumement et le jugement public des morts avant la sépulture.

obélisques ont été attribués par erreur à un roi Sésortasen, antérieur à la sortie des Hébreux; car, au temps des rois thébains appelés Sésortasen, Héliopolis ne faisait pas encore partie du royaume de Thèbes, puisqu'elle était située dans la Basse-Egypte, qui ne fut réunie à la Thébaïde que par Ahmosis-Chenephrès.

Ces deux obélisques étaient d'une pierre très-dure, tirée des carrières de Syène, à l'extrémité sud de l'Egypte : ils avaient chacun 120 coudées (60 mètres) de hauteur.

Toute l'Egypte était pleine de ces sortes d'obélisques. Ils étaient pour la plupart taillés dans les carrières de la Thébaïde, où l'on en trouve encore qui sont à demi-taillés. Voici comment les égyptiens s'y prenaient pour les transporter. Ils avaient creusé jusques dans la carrière, à Syène, un canal où montait l'eau du Nil à l'époque de son débordement, d'où ensuite ils enlevaient les colonnes, les obélisques et les statues sur des radeaux proportionnés à leur poids, pour les conduire dans la Basse-Egypte. Et comme le pays était tout coupé d'une infinité de canaux, il n'y avait guère d'endroits où ils ne pussent transporter facilement ces masses énormes, dont le poids aurait fait succomber toute autre sorte de machine.

Osortasen remporta dans la Nubie une victoire attestée par une stèle à Ouadi-Halfa. Il eut pour successeur son fils Psammos, auquel succéda Bocchoris-le-Sage.

Bocchoris-le-Sage.

Le nom égyptien de Bocchoris, retrouvé récemment par M. Mariette, est *Raouake-Bekenranef*.

Ce roi était fils de Tnephacte, de Saïs. Il était d'un extérieur désagréable, dit Diodore, mais doué de beaucoup de pénétration et de sagesse. Il fit des règlements relatifs aux transactions privées. L'un d'eux ordonne que ceux qui ont emprunté de l'argent, sans un contrat écrit, soient acquittés, s'ils affirment par serment qu'ils ne doivent rien ; et cela, à cause du respect qui est dû aux serments. Par un autre règlement, il est défendu à ceux qui prêtent sur contrat de porter, par l'accumulation des intérêts, le capital au-delà du double ; les créanciers qui demandent le remboursement ne peuvent s'adresser qu'aux biens du débiteur, la contrainte par corps n'étant en aucun cas admise.

Bocchoris-le-Sage paraît être le même que l'Anysis d'Hérodote. Après un règne d'environ quarante ans, il fut détrôné (Manéthon dit même brûlé vif) par l'éthiopien Sabacon.

738.   **SABACON.**

Sabacon (inscrit Schabak au palais de Karnac), roi d'Ethiopie, excité par un oracle, entra avec une armée nombreuse en Egypte et se rendit maître du pays. Il régna avec beaucoup de douceur et de justice. Au lieu de faire mourir les coupables qui avaient été condamnés à mort par les juges, il les faisait travailler, chacun dans leurs villes, aux réparations des levées sur lesquelles elles étaient situées. Il continua à Bubaste le temple de Pascht. Ce temple était carré, à un stade de côté ; les propylées avaient 40 coudées de hauteur et étaient chargés de tableaux en bas-reliefs ; les murs intérieurs étaient ornés de figures, et, dans un bosquet de la cour du temple, s'élevait une statue de Pascht.

Après douze ans de règne environ, Sabacon laissa le trône à son fils Sevéchus.

726.   **SEVÉCHUS.**

Ce prince (inscrit *Sewekowtph* au monument d'Abydos) est le *Sua* du Livre des Rois. C'est à lui qu'Osée, roi d'Israël, s'adressa pour obtenir du secours contre le roi de Ninive Salmanasar, qui était à la veille d'envahir ses états. On sait le peu de succès de cette demande : Sua ne put envoyer aucun secours efficace à Osée.

Sevéchus est aussi le Séthon d'Hérodote. Au lieu

de s'acquitter des fonctions d'un roi, il affectait celles d'un prêtre, s'étant fait consacrer lui-même souverain pontife de Vulcain. Livré à la superstition, loin de s'appliquer à défendre ses états par les armes, il fit peu de cas des gens de guerre, et, persuadé qu'il n'aurait jamais besoin de leur secours, il ne se mit point en peine de les ménager, et alla jusqu'à les dépouiller des fonds de terre ou *aroures* *, que les rois ses prédécesseurs leur avaient assignés.

Il éprouva bientôt leur ressentiment dans une guerre qui lui survint tout à coup. Sennachérib, roi des Arabes et des Assyriens, étant entré avec une armée nombreuse en Egypte, les officiers et les soldats égyptiens refusèrent de marcher contre lui. Le prêtre de Vulcain, réduit à une telle extrémité, eut recours à son dieu, dit Hérodote, et Vulcain lui dit de ne pas perdre courage et de marcher hardiment contre l'ennemi avec le peu de gens qu'il pourrait ramasser. Il le fit. Un petit nombre de marchands, d'ouvriers et de gens de la lie du peuple se joignit à lui. Avec cette poignée de soldats, il s'avança jusqu'à Peluse, où Sennachérib avait établi son camp. La nuit suivante, une multitude effroyable de rats se répandit dans le camp des Assyriens, et, ayant rongé toutes les cordes de leurs arcs et les courroies de leurs boucliers, les mit hors d'état de se défendre. Ainsi désarmés, ils furent obligés de

---

* Chaque soldat, dit Hérodote, avait douze aroures exemptes de tout tribut et de toute imposition. L'aroure était une portion de terre labourable comprenant un carré de 100 coudées de côté (52m,7), conséquemment de 10,000 coudées (27 ares 77) de surface.

Aux deux mille soldats chargés de la garde du roi, on fournissait par jour cinq livres de pain, deux livres de viande et quatre arustères (une pinte) de vin. Hérodote prétend que l'Egypte entretenait continuellement une armée de 400,000 hommes, mais ce nombre est exagéré, eu égard à la population du pays qui, même depuis la fondation d'Alexandrie, n'atteignit pas huit millions d'âmes. (Voir Letronne sur Rollin).

prendre la fuite, et ils se retirèrent après avoir perdu une grande partie de leurs troupes. Sevéchus, de retour chez lui, se fit ériger une statue dans le temple de Vulcain, où, tenant à sa main droite un rat, il disait dans une inscription : *Qu'en me voyant on apprenne à respecter les dieux.*

Il est visible que cette histoire, ainsi racontée par Hérodote, est une altération de celle qui est rapportée dans le Livre IV des Rois. On y voit que Sennachérib, après avoir subjugué toutes les nations voisines et s'être rendu maître de toutes les villes du royaume de Juda, résolut d'assiéger Ezéchias dans Jérusalem. Les ministres de ce saint roi, malgré son opposition et les remontrances du prophète Isaïe, qui promettait une protection certaine de la part de Dieu, si on ne mettait sa confiance qu'en lui seul, mendièrent secrètement le secours des Egyptiens et des Ethiopiens. Leurs armées, unies ensemble, s'avancèrent, dans le temps marqué, vers Jérusalem. L'assyrien marcha à leur rencontre, les défit en bataille rangée et poursuivit les vaincus jusque dans l'Egypte. A son retour, la nuit même qui précéda le jour où l'on devait donner l'assaut à Jérusalem et où tout paraissait désespéré, l'ange exterminateur ravagea le camp des Assyriens et y fit périr par l'épée et par le feu 185,000 hommes. Voilà la vérité du fait, mais comme elle était, dit Rollin, peu honorable pour les Egyptiens, ils ont tâché de la tourner à leur avantage en la déguisant et en la corrompant.

C'est à l'entrée de Sennachérib dans l'Egypte que plusieurs historiens ont appliqué les prophéties par lesquelles Isaïe et surtout Nahum annoncèrent les malheurs et la dévastation de l'Egypte. On a vu, dans le Nô-Amon dont parle Nahum, les uns la ville de Thèbes, appelée en grec *Diospolis* (qui signifie ville de Jupiter) *, les autres une ville du nom de

---

* Jupiter-Ammon était la principale divinité de Thèbes.

Nô-Amon, située dans l'endroit où fut bâtie depuis Alexandrie, nom que porte la Vulgate. Mais il est certain qu'il n'y avait qu'un désert à la place où fut bâtie depuis Alexandrie ; les paroles de Nahum ne peuvent donc s'appliquer qu'à la ville de Thèbes-Diospolis. Or, comme Sennachérib ne s'avança pas plus loin qu'à Péluse, au nord-est de l'Egypte, il est évident que le passage de Nahum *, relatif à l'Egypte, ne peut s'appliquer qu'à l'expédition de Nabuchodonosor sous Apriès, où ce roi de Babylone ravagea tout le pays depuis Mygdole jusqu'à Syène au-delà de Thèbes, tua et fit captifs un grand nombre d'habitants. Peu importe que ce prophète se soit servi du temps passé pour décrire les malheurs futurs de l'Egypte ; car on sait que les prophètes se servaient indifféremment, même en décrivant des événements futurs, du passé et du présent, suivant la vivacité des tableaux qui s'offraient à leur imagination. Sevéchus régna environ 16 ans.

Jusqu'au règne de Sevéchus, les prêtres égyptiens, dit Hérodote, comptaient trois cent quarante-et-une générations d'hommes ; ce qui fait 11,340 ans, en mettant trois générations pour cent ans. Ils comptaient un nombre de prêtres et de rois égal à celui des générations ; ils montrèrent même à Hérodote trois cent quarante-et-un colosses de bois de ces rois, qu'ils appelaient *Piromis* (c'est-à-dire *bon et honnête*), rangés tous en ordre dans une grande salle. Telle est l'origine des nombreuses dynasties de Manéthon qui ont fait tant de dupes de nos jours.

---

* « *Numquid melior es Nô-Ammon populorum, quæ habitat in fluminibus, aquæ in circuitu ejus ; cujus divitiæ, mare ; aquæ, muri ejus. Ethiopia fortitudo ejus, et Œgyptus et non est finis. Aphrica et Libyes fuerunt in auxilio tuo. Sed et ipsa in transmigrationem ducta est in captivitatem ; parvuli ejus elisi sunt in capite omnium viarum, et super inclytos ejus miserunt sortem, et omnes optimates ejus confixi sunt in compedibus.* » (Nahum, cap. III.) Ce prophète vécut de 698 à 643.

712.   Tharaca.

C'est ce roi éthiopien qui était venu avec une armée d'Éthiopiens, en même temps que Sevéchus, au secours de Jérusalem. Quand ce dernier fut mort, Tharaca lui succéda et occupa le trône pendant 26 ans. Son nom se trouve sur un pylone du palais de Medinet-Habou. Il eut pour successeur son fils Amneris (en égyptien Amonasò). Mais ce prince ne régna que quelques mois : les Egyptiens le détrônèrent afin de remplacer les rois éthiopiens par une dynastie indigène, et Amonasò dut se retirer en Ethiopie où on trouve son nom inscrit sur un des rochers du mont Barkal.

Il eut pour successeurs Stéphinatis qui régna 7 ans, Nechepsos qui régna 6 ans, Néchao I qui régna 8 ans.

664.   Les douze Rois.

Après la mort de Néchao, il y eut un état d'anarchie qui dura quelque temps. Mais douze des principaux seigneurs s'étant ligués ensemble, se saisirent du royaume et le partagèrent en douze parties. Ils convinrent de gouverner chacun leur district avec un pouvoir, une autorité égale, sans que jamais l'un songeât à rien entreprendre contre l'autre et à s'emparer de son gouvernement. Ils crurent devoir faire ensemble cet accord et le cimenter par les plus terribles serments, pour éviter l'effet d'un oracle qui avait prédit que celui d'entre eux qui aurait fait des libations à Vulcain, dans un vase d'airain, deviendrait le maitre de l'Egypte. Ils régnèrent ensemble, pendant quinze ans, dans une grande union et, pour en laisser un monument à la postérité, ils bâtirent de concert et à frais communs, le fameux Labyrinthe.

Le Labyrinthe fut construit à l'extrémité méridionale du lac Mœris, dans le nome de Piom, près de la ville des Crocodiles, appelée depuis Arsinoé. Ce n'était pas tant un seul palais qu'une réunion de douze palais disposés régulièrement et qui commu-

niquaient ensemble. Quinze cents chambres, entre-
mêlées de terrasses, s'arrangeaient autour de douze
salles et ne laissaient point de sorties à ceux qui
s'engageaient à les visiter. Il y avait autant de bâtiments sous terre. Ces bâtiments souterrains étaient
destinés.à la sépulture des rois. Hérodote dit qu'ils
servaient également de tombeaux aux crocodiles sacrés, car cet animal comptait parmi les nombreuses
divinités de l'Egypte. Au temps de Strabon, le Labyrinthe était devenu le lieu de réunion des députés
de tous les nomes de la province.

Un jour que les douze rois assistaient ensemble
dans le temple de Vulcain à un sacrifice solennel,
les prêtres ayant présenté à chacun d'eux une coupe
d'or pour faire les libations, il s'en trouva une de
moins et Psammitique, de Saïs, l'un des douze, sans
aucun dessin prémédité, au lieu de coupe, prit son
casque d'airain (car ils en portaient tous) et s'én
servit pour faire les libations. Les autres, auxquels
il était devenu suspect, le reléguèrent dans les pays
marécageux de l'Egypte. Psammitique y ayant passé
quelques années, un courrier vint lui dire un jour
qu'il venait d'arriver en Egypte des hommes tout
couverts d'armes d'airain : c'étaient des soldats de
Grèce, Ioniens et Cariens, couverts de casques et
de cuirasses d'airain, que la tempête avait jetés sur
les côtes d'Egypte. Psammitique, se rappelant un
oracle qui lui avait prédit que des hommes d'airain
viendraient à son secours, fit amitié avec ces étrangers, les prit à sa solde, leva sous main d'autres
troupes, mit ces Grecs à leur tête, et ayant attaqué
près de Momemphis, les onze autres rois, il les
défit et resta seul maître de l'Egypte.

650.   **PSAMMITIQUE I.**

Ce prince, qui devait son salut aux Ioniens et aux
Cariens, les établit dans l'Egypte, fermée jusqu'alors
aux étrangers, et leur y assigna de bons fonds de terre
et des revenus assurés, qui leur firent oublier leur
patrie. Il leur donna de jeunes enfants égyptiens à

élever, à qui ils apprirent leur langue ; c'est à cette occasion et par ce moyen que les Egyptiens commencèrent à entrer en commerce avec les Grecs.

Dès que Psammitique fut affermi sur le trône, il entra en guerre avec le roi d'Assyrie au sujet des limites des deux empires. Depuis que les Assyriens eurent conquis la Syrie, la Palestine, étant le seul pays qui séparât les deux royaumes, ce fut sur elle que tomba le poids de la guerre entre les deux souverains. Psammitique, se voyant maître paisible de toute l'Egypte, songea à mettre ses frontières en sûreté contre l'Assyrie dont la puissance augmentait chaque jour, et, pour cet effet, entra à la tête d'une armée dans la Palestine.

Peut-être faut-il placer au commencement de cette guerre ce qu'on lit dans Diodore, que les Egyptiens, indignés de ce que le roi avait placé les Grecs à l'aîle droite, par préférence à eux, quittèrent le service, au nombre de plus de deux cent mille, et se retirèrent en Ethiopie, où on leur donna un établissement avantageux.

Quoiqu'il en soit, Psammitique entra en Palestine. Mais il s'y trouva d'abord arrêté à Azot, ville de l'ancien pays des Philistins, qui lui donna tant de peine, que ce ne fut qu'après un siége de 29 ans qu'il s'en rendit maître. Cette place qui avait été primitivement fortifiée par les Egyptiens, était aux Assyriens depuis qu'elle avait été prise sur l'Egypte par Tarthan, général de Sennachérib.

Vers ce temps-là les Scythes, sortis des environs des Palus-Méotides, s'étant jetés dans la Médie, défirent Cyaxare, qui en était roi, et le dépouillèrent de toute la Haute-Asie, dont ils demeurèrent maîtres pendant 28 ans. Ils poussèrent leurs conquêtes dans la Syrie jusqu'aux frontières de l'Egypte. Mais Psammitique alla au-devant d'eux, et fit si bien par ses présents et par ses prières, qu'ils ne passèrent pas plus avant, et il délivra ainsi son royaume de ces dangereux ennemis.

Jusqu'à son règne, les Egyptiens s'étaient toujours cru le plus ancien peuple de la terre. Psammitique voulut s'en assurer par lui-même, et pour cela il employa l'expérience suivante, que rapporte Hérodote : Il fit élever, à la campagne, dans une cabane fermée, deux enfants nés tout récemment de pauvres parents, et il chargea un berger de les faire nourrir par des chèvres *, avec défense de laisser entrer aucune personne dans cette cabane et de prononcer lui-même devant eux aucune parole. Quand ces enfants furent parvenus à l'âge de deux ans, un jour que le berger entra pour leur donner ce qui leur était nécessaire, ils s'écrièrent tous deux, en étendant les mains vers lui : *beccos, beccos*. Le berger en donna avis au roi, qui se fit apporter les enfants pour être témoin de la vérité du fait ; ceux-ci lui commencèrent, en sa présence, à bégayer leur petit jargon. Il ne s'agissait plus que de rechercher chez quel peuple ce mot était usité, et il se trouva que c'était chez les Phrygiens, qui appellent ainsi du pain, et aussi eurent-ils, depuis ce temps, l'honneur de l'antiquité, que l'Egypte elle-même, malgré sa longue possession, fut obligée de leur céder. Toutefois, comme on amenait à ces enfants des chèvres pour les nourrir, et qu'il n'est point marqué qu'ils fussent sourds, quelques-uns croyent qu'ils avaient pu, d'après le cri de ces animaux, former le mot *bec* ou *beccos*.

Psammitique fit construire les propylées méridionaux du temple de Phtha, à Memphis, ainsi que le promenoir du bœuf Apis. Ce promenoir était situé en face du péristyle ; le mur d'enceinte était couvert de sculptures, et, au lieu de colonnes, on y avait posé des statues colossales de douze coudées de hauteur.

* D'autres disent par des nourrices à qui on avait coupé la langue.

Psammitique mourut l'an vingt-quatrième de Josias, roi de Juda, après avoir régné seul pendant 33 ans. Sa femme s'appelait Nitocris, nom de la décsse Neïth victorieuse (Minerve).

616.   NÉCHAO II.

Néchao, fils et successeur de Psammitique, entreprit de joindre le Nil à la mer Rouge, en tirant un canal de l'un à l'autre; ce qui aurait amené la communication de la mer Rouge avec la Méditerranée. Il employa, à la réalisation de ce projet, des sommes immenses et un grand nombre de troupes : on dit que plus de 120,000 égyptiens périrent dans cette entreprise. Il l'abandonna, effrayé par un oracle qui lui avait répondu que c'était ouvrir aux étrangers un chemin dans l'Egypte. L'entreprise fut recommencée par Darius, fils d'Histaspe, mais il l'abandonna également, parce qu'on lui dit que la mer Rouge étant plus haute que l'Egypte, inonderait tout le pays*. Enfin, elle fut achevée sous les Lagides qui, par le moyen des écluses, tenaient le canal

---

* Les travaux des modernes prouvent que cette opinion des anciens était bien fondée. Il résulte des opérations de nivellement faites par les ingénieurs français entre le fond de la mer Rouge et la Méditerranée, à Peluse, que la différence du niveau des deux mers peut aller à 9 mètres 907. Le niveau des hautes eaux du Nil, au Caire, surpasse celui des hautes eaux de la mer Rouge de 3 mètres, et celui des basses eaux de 5 mètres; mais le niveau des basses eaux du Nil est surpassé de près de 3 mètres par les basses eaux de la mer Rouge, et de 4 mètres 80 par les hautes eaux de cette mer.

C'est cette différence de niveau qui rendit nécessaire l'établissement d'une espèce d'écluses à l'embouchure du canal de Peluse, dans la mer Rouge. Ce canal aboutissait au bassin des *lacs amers* et se prolongeait jusqu'à Clisma.

On voit que l'idée du percement de l'isthme de Suez, dont le commerce européen, surtout le commerce anglais, désire si vivement la réalisation, afin de communiquer plus facilement avec les Indes, n'est pas une idée nouvelle, et qu'on n'aurait peut-être pas beaucoup de peine à retrouver les vestiges de l'ancien canal.

ouvert ou fermé selon leurs besoins. Il commençait au Delta, près de la ville de Bubaste, et avait de largeur cent coudées (52^m,70^c), et de longueur environ vingt-sept lieues. Ce canal fut réparé par Adrien, et, suivant M. Letronne, était encore navigable vers l'an 500 de notre ère. Les Arabes, sous le calife Omar, le réparèrent en 640; il servit à la navigation jusqu'en 767, époque à laquelle le calife Abou-Giafar-Almansor le fit définitivement combler, pour qu'on ne pût pas porter de secours aux révoltés de la Mecque et de Médine.

Néchao réussit mieux dans une autre entreprise. D'habiles mariniers de Phénicie, qu'il avait pris à son service, étant partis de la mer Rouge avec ordre de découvrir les côtes d'Afrique, en firent heureusement le tour et retournèrent, la troisième année de leur navigation, en Egypte par le détroit de Gibraltar; voyage fort extraordinaire pour un temps où l'on n'avait pas encore l'usage de la boussole. Ce voyage fut fait vingt et un siècles avant que Vasquez de Gama eût trouvé, par la découverte du cap de Bonne-Espérance (en 1497), le même chemin pour aller aux Indes, par lequel ces Phéniciens étaient venus des Indes dans la mer Méditerranée.

Les Babyloniens et les Mèdes, ayant détruit Ninive et avec elle l'empire des Assyriens, devinrent si redoutables, qu'ils s'attirèrent la jalousie de leurs voisins. Néchao en fut tellement alarmé, qu'il s'avança vers l'Euphrate à la tête d'une puissante armée pour arrêter leurs progrès. Josias, roi de Juda, voyant qu'il prenait son chemin au travers de la Judée, résolut de s'opposer à son passage. Il amassa dans ce dessein toutes les forces de son royaume, et se posta dans la vallée de Mageddo (cette place est située dans la tribu de Manassé, en-deçà du Jourdain *). Néchao lui manda par un héraut d'armes que ce

---

* Hérodote la confond avec Magdole, place de la Basse-Egypte.

n'était pas à lui qu'il en voulait, et qu'il avait d'autres ennemis en vue ; Josias, craignant qu'après la défaite des Babyloniens le vainqueur ne retombât sur lui, marcha à sa rencontre. La bataille se donna, et Josias non-seulement fut vaincu, mais reçut encore malheureusement une blessure dont il mourut à Jérusalem.

Néchao, encouragé par cette victoire, continua sa marche et s'avança vers l'Euphrate. Il battit les Babyloniens, prit Charcamis, grande ville de leur pays, et, s'en étant assuré la possession par une bonne garnison qu'il y laissa, il reprit, au bout de trois mois, le chemin de son royaume.

Ayant appris en chemin que Joachas, fils de Josias, s'était fait déclarer roi à Jérusalem, sans lui demander son consentement, il lui ordonna de venir le trouver à Rébla, en Syrie. Ce prince n'y fut pas plus tôt arrivé que Néchao le fit mettre aux fers et l'envoya prisonnier en Egypte, où il mourut. De là, poursuivant son chemin, Néchao arriva à Jérusalem *, où il établit roi Joakim, autre fils de Josias, à la place de son frère, et imposa sur le pays un tribut annuel de cent talents d'argent et un talent d'or (610,000 fr.). Après quoi il retourna triomphant dans son royaume.

Nabopolassar, roi de Babylone, voyant que, depuis la prise de Charcamis par Néchao, toute la Syrie et la Palestine s'étaient détachées de son obéissance, son âge d'ailleurs et ses infirmités ne lui permettant pas d'aller en personne réduire ces rebelles, s'associa à l'empire son fils Nabuchodonosor et l'envoya, dans ces quartiers, à la tête d'une armée. Ce jeune prince battit celle de Néchao vers l'Euphrate, reprit Charcamis et fit rentrer dans son obéissance les provinces

---

* Hérodote l'appelle *Cadytis*, mot hébreu qui veut dire *la sainte*. Il la représente située dans les montagnes de la Palestine et aussi grande que Sardes : ce qui ne peut convenir qu'à Jérusalem. Les Arabes la nomment *El-Quods*, la sainte.

soulevées, comme Jérémie l'avait prédit (46, 2, etc.). Ainsi il enleva aux Egyptiens tout ce qu'ils possédaient, depuis ce qu'on appelait le *Ruisseau d'Égypte* jusqu'à l'Euphrate ; ce qui comprend toute la Syrie et toute la Palestine.

Néchao étant mort, après avoir régné 16 ans, laissa le trône à son fils.

PSAMMITIQUE II ou PSAMMIS.

L'histoire ne nous en apprend rien de particulier, sinon qu'il fit une expédition en Ethiopie.

Les Éléens lui envoyèrent une embassade pour lui faire connaitre les règlements qu'ils avaient établis dans la célébration des jeux olympiques, afin de savoir ce qu'en penseraient les Egyptiens qui passaient alors pour les hommes les plus sages et les plus sensés de tout l'univers. C'était plutôt une approbation qu'un conseil qu'ils venaient chercher. Le roi assembla les anciens du pays. Après qu'ils eurent entendu tout ce qu'on avait à dire sur l'institution de ces jeux, ils demandèrent aux Eléens s'ils y admettaient indifféremment citoyens et étrangers, et comme on leur eût répondu que l'entrée en était également ouverte à tous, ils ajoutèrent que les règles de la justice auraient été mieux observées si l'on n'avait admis à ces jeux que des étrangers, parce qu'il était fort difficile que les juges, en adjugeant la victoire et le prix, ne fissent pencher la balance du côté de leurs concitoyens.

Le nom de Psammitichus II se trouve inscrit sur plusieurs monuments, notamment sur un bas-relief d'un propylon qu'il fit élever pour un temple de Memphis. Des inscriptions de l'ile de Snem, au sud de l'Égypte, contiennent le nom de ce même roi ; il se voit aussi sur un sarcophage et sur diverses figures au musée du Louvre. L'obélisque de la Minerva, à Rome, fut élevé en Egypte par le même roi. Il régna 10 ans et quelques mois.

590.   ### APRIÈS.

Apriès est nommé par Manéthon Vaphrès ; l'Ecriture l'appelle Pharaon-Ephrée ou Ophra. Il succéda à son père Psammitique II et régna environ 25 ans.

Il est représenté par Ezéchiel et par Hérodote comme un prince rempli de vanité et d'orgueil. Ezéchiel lui met à la bouche ces paroles : *La rivière est à moi, c'est moi qui l'ai faite* (Ezéchiel 29, 3.). Hérodote rapporte qu'il était tellement infatué de sa grandeur, qu'il se vantait qu'il n'était pas au pouvoir des dieux mêmes de le détrôner, tant il s'imaginait avoir établi solidement sa puissance. Nous verrons quelles furent les conséquences de sa folle présomption.

Pendant les premières années de son règne, Apriès fut aussi heureux qu'aucun de ses prédécesseurs. Il porta ses armes contre l'île de Cypre. Il attaqua par terre et par mer la ville de Sidon, la prit et se rendit maître de toute la Phénicie et de toute la Palestine.

Peu de temps après qu'Apriès était monté sur le trône, Sédécias, roi de Juda, lui envoya des ambassadeurs, fit alliance avec lui et, l'année d'après, rompant le serment de fidélité qu'il avait fait au roi de Babylone, il se révolta ouvertement contre lui. Pour faire alliance avec les Egyptiens, Sédécias avait méprisé les remontrances de Jérémie qui avait cherché à l'en détourner. Apriès, fier de l'heureux succès de ses armes contre Sidon, et ne croyant pas que rien pût résister à sa puissance, se déclara le protecteur d'Israël et lui promit de le délivrer des mains de Nabuchodonosor. C'est dans ces circonstances qu'un autre prophète, Ezéchiel, prédit les maux dont l'Egypte allait être accablée : « Je vais « faire tomber la guerre sur vous, dit le Seigneur, « et je tuerai parmi vous les hommes avec les bêtes. « Le pays d'Egypte sera réduit en un désert et en « une solitude, et ils sauront que c'est moi qui suis « le Seigneur, parce que vous avez dit : Le fleuve « est à moi, et c'est moi qui l'ai fait. »

Sédécias était bien éloigné d'ajouter foi à ces prédictions. Quand il apprit que l'armée des Egyptiens approchait et qu'il vit Nabuchodonosor lever le siége de Jérusalem, il se crut délivré et triomphait déjà. Sa joie fut courte. Les Egyptiens, voyant approcher les Chaldéens, n'osèrent en venir aux mains avec une armée si nombreuse et si aguerrie. Ils reprirent le chemin de leur pays et abandonnèrent Sédécias à tous les périls de la guerre où ils l'avaient eux-mêmes engagé. Nabuchodonosor revint devant Jérusalem, y remit le siége, la prit et la brûla, comme Jérémie l'avait prédit (Jérémie 37, 6, 7.).

Plusieurs années après la prise de Jérusalem par le roi de Babylone, commença pour Apriès la série de revers qui devaient l'accabler. Voici comment et à quelle occasion ils prirent naissance :

Les Cyrénéens, colonie de Grecs qui s'était établie en Afrique, entre la Lybie et l'Egypte, ayant pris et partagé entre eux une grande partie du pays des Lybiens, forcèrent ces peuples dépouillés à se jeter entre les bras de ce prince et à implorer sa protection. Aussitôt Apriès envoya une grande armée dans la Lybie pour faire la guerre aux Cyrénéens ; mais, cette armée ayant été défaite et presque toute taillée en pièces, les Egyptiens s'imaginèrent qu'il ne l'avait envoyée dans la Lybie que pour l'y faire périr, afin que, quand il s'en serait défait, il pût régner plus despotiquement sur ses sujets. Dans cette pensée, ils crurent devoir secouer le joug d'un prince qu'ils regardaient comme leur ennemi. Apriès, ayant appris cette révolte, leur envoya Amasis, un de ses officiers, pour les apaiser et les faire rentrer dans le devoir. Mais, lorsque Amasis eut commencé à parler, ils lui mirent sur la tête un casque pour marque de la royauté et le proclamèrent roi. Amasis, ayant accepté la couronne qu'ils lui offraient, demeura avec eux et les confirma dans leur révolte.

Apriès, à cette nouvelle, encore plus enflammé de colère, envoya Patarbémis, un autre de ses officiers et l'un des principaux seigneurs de sa Cour, pour arrêter Amasis et le lui amener. Mais Patarbémis, ne s'étant pas trouvé en état d'enlever Amasis au milieu de cette armée de révoltés dont il était entouré, fut traité à son retour par Apriès de la manière la plus indigne et la plus cruelle; car ce prince, sans considérer que ce n'était que faute de pouvoir qu'il n'avait pas exécuté sa commission, lui fit couper le nez et les oreilles. Un outrage si sanglant, fait à un homme de ce rang, irrita si fort les Egyptiens que la plupart allèrent se joindre aux mécontents et que la révolte devint générale. Ce soulèvement de ses sujets obligea Apriès à se sauver dans la Haute-Egypte où il se maintint pendant quelques années, pendant qu'Amasis occupa tout le reste de ses Etats.

Les troubles qui agitaient l'Egypte furent une occasion favorable à Nabuchodonosor pour l'attaquer, et, ainsi que le remarque Rollin, ce fut Dieu lui-même qui lui en inspira le dessein. Ce prince, qui, sans le savoir, était l'instrument de la colère divine contre les peuples qu'il voulait châtier, venait de prendre la ville de Tyr où lui et son armée avaient essuyé des fatigues incroyables. Pour les en récompenser, Dieu leur abandonna l'Egypte.

« Fils de l'homme, dit-il au prophète Ezéchiel « (29, 20), Nabuchodonosor m'a rendu, avec son « armée, un grand service au siége de Tyr. Toutes « les têtes de ses gens en ont perdu les cheveux, et « toutes les épaules en sont écorchées. C'est pour- « quoi je vais donner à Nabuchodonosor le pays « d'Egypte. Il en prendra tout le peuple, il en fera « son butin, et il en partagera les dépouilles. Son « armée recevra ainsi sa récompense, et il sera payé « du service qu'il m'a rendu dans le siége de cette « ville. »

« Il enlèvera tout, dit-il par Jérémie (43, 12), « avec la même facilité qu'un berger se couvre de « son manteau. *Amicietur terra Ægypti, sicut* « *amicitur pastor pallio suo.* »

Le roi de Babylone, profitant donc des divisions intestines où la révolte d'Amasis avait jeté ce royaume marcha de ce côté à la tête de son armée. Il envahit l'Égypte depuis Mygdol ou Magdole, qui est à l'entrée du royaume, jusqu'à Syène, qui est à l'autre extrémité. Il y fit partout d'horribles ravages, tua un grand nombre d'habitants, et réduisit le pays dans une si grande désolation, qu'il ne put se rétablir de quarante ans. Nabuchodonosor, ayant chargé son armée de dépouilles et soumis tout le royaume, en vint à un accommodement avec Amasis ; et, l'ayant confirmé dans la possession du royaume comme son vice-roi, il reprit le chemin de Babylone.

Alors Apriès, sortant du lieu de sa retraite, s'avança vers les côtes de la mer, apparemment du côté de la Libye, et, ayant pris à sa solde une armée de Cariens, d'Ioniens et d'autres étrangers, il marcha contre Amasis et lui livra bataille près de Momemphis (aujourd'hui Manouff-Elseffly), à douze lieues au nord de Memphis. Amasis triomphant entra dans Saïs, résidence des rois saïtes ses prédécesseurs, et s'établit dans leur palais. Il y conduisit avec lui Apriès, qui continua d'habiter cette demeure royale où il fut quelque temps fort bien traité. Mais les clameurs populaires imposèrent à Amasis une rigoureuse résolution : il fallut livrer Apriès à la populace qui l'étrangla. Toutefois il fut, par les soins d'Amasis sans doute, inhumé à Saïs, au temple de Neïth, parmi les tombeaux royaux de sa famille.

566.   AMASIS.

Après la mort d'Apriès, Amasis devint possesseur paisible de toute l'Égypte, dont il occupa le trône pendant 40 ans. Il était de Siouph, près de Saïs.

Comme il était de basse naissance, dit Hérodote, les peuples, dans le commencement de son règne, en faisaient peu de cas et n'avaient que du mépris pour lui. Il n'y fut pas insensible, mais il crut devoir ménager les esprits avec adresse et les rappeler à leur devoir par la douceur et par la raison. Il avait une cuvette d'or, où lui et tous ceux qui mangeaient à sa table se lavaient les pieds. Il la fit fondre, et

en fit faire une statue qu'il exposa à la vénération
publique. Les peuples accoururent en foule et rendirent à la nouvelle statue toutes sortes d'hommages.
Le roi, les ayant assemblés, leur exposa à quel vil
usage cette statue avait d'abord servi ; ce qui ne les
empêchait pas de se prosterner devant elle par un
culte religieux. L'application de cette parabole était
aisée à faire ; elle eut tout le succès qu'il en pouvait
attendre, et les peuples, depuis ce jour, eurent pour
lui tout le respect qui est dû à la majesté royale.

Il donnait régulièrement tout le matin aux affaires
pour recevoir les placets, donner ses audiences, prononcer des jugements et tenir ses conseils ; le reste du
temps était accordé au plaisir. Comme il poussait quel-
quefois la gaîté au-delà des justes bornes, il répondit à
ceux qui lui faisaient des remontrances, que l'esprit
ne pouvait pas être toujours sérieux et appliqué aux
affaires, non plus qu'un arc demeurer toujours tendu.

Ce fut Amasis qui obligea les particuliers, dans
chaque ville, d'inscrire leur nom chez le magistrat
et de marquer de quelle profession ou de quel métier
ils vivaient. Solon inséra cette loi dans les siennes.

Memphis et Saïs furent les deux villes les plus
particulièrement embellies par Amasis : à Memphis,
il éleva un temple à Isis, remarquable par sa grandeur et sa magnificence ; il fit placer, devant le
temple de Phtha, un colosse couché, de 75 pieds de
longueur, et deux statues en granit rose, de 20 pieds
de hauteur. A Saïs, les propylées du temple de
Neith furent son ouvrage, et l'antiquité les signala
pour leur magnificence. Saladin les employa à sa
citadelle du Caire.

Amasis fit tirer des carrières de Syène la célèbre
chapelle monolithe dont parle Hérodote. Cette chapelle était consacrée à la déesse Neith et fut placée
dans son temple de Saïs. On mit trois années à la
transporter, et deux mille hommes y furent employés ;
ses dimensions étaient de 21 coudées (11 mètres) en
longueur, 14 en largeur et 8 en hauteur.

Amasis considérait fort les Grecs. Il leur accorda de grands privilèges et permit à ceux qui voudraient s'établir en Egypte d'habiter à Naucratis, ville située sur la branche canopique du Nil et très-renommée pour son port. Lorsqu'il s'agit de rebâtir le fameux temple de Delphes, qui avait été brûlé, reconstruction qui devait monter à trois cents talents (1,650,000 fr.), il fournit à ceux de Delphes une somme fort considérable pour les aider à payer leur quote-part, qui était le quart de toute la dépense.

Il fit alliance avec les Cyrénéens et prit chez eux une femme dont le nom est inscrit *Onk-nas* sur les monuments égyptiens. Il conquit l'île de Cypre et la rendit tributaire.

Ce fut sous son règne que Pythagore vint en Egypte: il lui était recommandé par le célèbre Polycrate, tyran de Samos, qui était lié d'amitié avec Amasis. Dans le séjour que ce philosophe fit en Egypte, il fut initié dans tous les mystères du pays, et apprit des prêtres tout ce qu'il y avait de plus secret et de plus important dans leur religion. C'est là qu'il puisa sa doctrine de la métempsycose.

Rollin prétend, d'après un passage de Xénophon[*], que Cyrus se rendit maître de l'Egypte. Mais ce fait est inexact: les rois de Perse, Cyrus et Cambyse, successeur des rois de Babylone, n'eurent qu'à réclamer le tribut imposé au roi d'Egypte par Nabuchodonosor II, et c'est sur le refus que fit Amasis de le payer, que Cambyse porta la guerre dans ses Etats. Mais Amasis était déjà mort, lors de l'entrée de Cambyse en Egypte.

Amasis fut inhumé dans l'enceinte de l'Hiéron de Neïth à Saïs; mais, peu de temps après, son corps en fut arraché, par ordre de Cambyse, pour être exposé aux outrages des Perses et enfin brûlé.

525. **Psamménit.**

Ce roi, fils et successeur d'Amasis, est le Psammé-

[*] *Cyropédie*, c. 1.

tique **III** des monuments: c'est ainsi qu'il est nommé sur son cartouche-prénom, à l'un des édifices de Karnac, à côté de celui d'Amasis.

Cambyse, roi de Perse, s'avança avec son armée, la 4ᵉ année de son règne, pour faire la conquête de l'Egypte. Il fut guidé dans ce dessein par un transfuge grec, Phanès d'Halicarnasse, qui se jeta, pour quelque mécontentement qu'il avait reçu d'Amasis, dans le parti du roi de Perse Ce fut par son avis que Cambyse engagea un roi Arabe dont le territoire était sur son passage, à fournir de l'eau à son armée, pendant qu'elle traverserait le désert : ce que ce prince exécuta en lui faisant porter cette eau sur le dos des chameaux.

Arrivé à Peluse, où était campée l'armée égyptienne, Cambyse, dans un assaut qu'il donna à la ville, mit au premier rang un grand nombre de chiens, de chats, de brebis et d'autres animaux honorés dans le pays. Les Egyptiens, paralysés dans leur défense, furent défaits et coururent en désordre se jeter dans Memphis. Des parlementaires envoyés par Cambyse furent massacrés ; mais, après un assez long siége, les Egyptiens n'eurent d'autre ressource que de se rendre : Memphis et son château furent livrés aux Perses, et Psamménit descendit du trône après un règne de six mois.

Ce prince infortuné, dépouillé de la royauté, fut exposé à toutes les douleurs, à toutes les humiliations de sa nouvelle condition. Il vit sa fille réduite au service des esclaves, son fils conduit au supplice ; mais il ne s'en émut pas : *ses malheurs domestiques*, disait-il, *étaient trop grands pour être pleurés.* Sa noble contenance intéressa un moment Cambyse, et des historiens ont cru que Psamménit en aurait obtenu le gouvernement de l'Egypte, s'il n'avait préféré la mort, en essayant de rendre l'indépendance à son pays, au triste honneur d'en être le satrape. Convaincu de complot et de tentative de révolte envers les Perses, Psamménit fut condamné à boire du sang de taureau et il en mourut sur-le-champ.

Cambyse se rendit odieux aux Égyptiens par ses actes de cruauté et de sacrilège: il détruisit ou mutila par le fer et le feu plusieurs édifices sacrés à Héliopolis et à Memphis, enleva au Rhamesséum de Médinet-Habou, le cercle d'or, de 360 coudées de circuit, qui figurait les mouvements des constellations, et en vint jusqu'à frapper de son poignard le bœuf Apis.

Nous renvoyons, pour les détails de ce règne qui est en-dehors de notre plan, à l'histoire particulière de ce prince, laquelle est traitée dans l'histoire ancienne de Rollin (Tome II).

HISTOIRE

DES

ROIS D'ASSYRIE ET DE MÉDIE.

La Genèse, qui est le plus ancien livre d'histoire, attribue à Nemrod, fils de Chus et petit-fils de Cham, la foundation de l'Etat de Babylone : *Nemrod cœpit esse potens in terrâ, et erat robustus venator coram Domino. Fuit autem principium regni ejus Babylon, et Arach, et Achad, et Chalanne, in terrâ Sennaar.* Ainsi c'est Nemrod qui fonda l'Etat de Babylone dans la terre de Sennaar, appelée aussi la Chaldée, du nom de Chus, son père. Amraphel, roi de Sennaar, contemporain d'Abraham, fut l'un des successeurs de Nemrod.

Quant à l'Etat et à la ville de Ninive, la Genèse en attribue la fondation à Assur, fils de Sem : *De terrá Sennaar egressus est Assur, et œdificavit Niniven et plateas civitatis, Resen quoque inter Niniven et Chale.*

Quelques interprètes qui ont voulu faire Ninus fils de Nemrod, prétendent que ces mots *egressus est Assur* s'appliquent à Nemrod et signifient qu'il occupa la terre d'Assur après en avoir assujetti les habitants. Mais cette interprétation est arbitraire : c'est Assur, et non pas Nemrod, qui fonda Ninive.

4

Ninus, lui, ne vécut qu'à une époque très-éloignée d'eux.

Babylone eut pour commencement la fameuse tour de Babel, célèbre par la confusion des langues, cause de la dispersion des enfants de Noë. Il y a quelques traces de cet événement dans la Fable et dans l'histoire profane. Les Géants, foudroyés par Jupiter sur les rochers qu'ils avaient entassés dans le but d'escalader le ciel, le Temple de Belus, aux huit tours ou étages superposés l'un sur l'autre, dont parle Hérodote *, le récit de la Sibylle **, rapportant que des tourbillons et des vents impétueux, envoyés par les dieux, renversèrent la tour de Nemrod, sont autant de vestiges de la fameuse tour de Babel. Nemrod fut l'un des constructeurs de cette tour ; plus persévérant que les autres enfants de Noë, il se maintint dans le pays de Sennaar et en devint le maître.

Quelques auteurs croyent que c'est Nemrod qui fut adoré, après sa mort, sous le nom de Belus. Hérodote désigne un Belus comme père de Ninus : d'où on a conclu que le roi Ninus, supposé être le fondateur du royaume de Ninive, était fils de Nemrod. Cette identité de Nemrod avec le dieu Belus n'est

---

* La tour de Belus, située au centre du temple de Belus, était une tour carrée qui avait un stade de longueur sur un stade de largeur, et un stade de hauteur. Elle consistait en huit tours bâties l'une sur l'autre qui allaient toujours en diminuant. On y montait par des degrés qui allaient en tournant par le dehors ; ce qui signifie peut-être une rampe douce qui, tournoyant huit fois, formait une apparence de huit tours superposées. L'étage le plus élevé était un observatoire pour étudier les astres.

Cette tour était principalement destinée au culte de Bel ou Baal et d'autres divinités. Elle fut démolie par Xerxès qui en enleva les trésors. Diodore les porte à 6,300 talents d'or babyloniens, d'un poids de 192,400 kilogr., valant environ 662 millions. Une seule statue, de 40 pieds de haut, pesait mille talents.

** Josèphe, *Antiq. Jud.*

rien moins que certaine. Fût-elle vraie, il n'en résulte nullement que Belus-Nemrod serait le même que Belus, père de Ninus. En effet, Nemrod fonda l'Etat de Babylone et non pas celui de Ninive qui fut l'œuvre d'Assur. Belus est un nom chaldéen très-répandu dans le pays, qui a pu être porté par beaucoup d'individus : il signifie *maitre* ou *roi*.

Le Belus et le Ninus d'Hérodote n'étaient pas même des Assyriens : ce sont des descendants de l'Hercule grec dont il fait la tige des rois de Sardes en Lydie, lequel Hercule vivait encore cent ans avant la guerre de Troie, c'est-à-dire vers 1317 avant Jésus-Christ. Ces deux personnages n'ont donc rien de commun avec les rois d'Assyrie (Hérod., L. I, § 17) et ne furent que des rois lydiens.

Relativement à l'histoire de Ninus et de Sémiramis, rapportée par Diodore de Sicile, d'après Ctésias, nous pensons qu'il n'y a pas lieu de s'y arrêter et qu'on ne doit la regarder que comme un roman, dont voici l'origine :

Ctésias de Cnide, le médecin et le flatteur du roi Artaxerxe-Mnémon, dans le but de flatter l'orgueil des rois de Perse qui affectaient de se poser comme les continuateurs du grand empire assyrien, imagina cette histoire des conquêtes de Ninus et de Sémiramis, ainsi que le canon de ses trente-six rois assyriens entre cette reine et Sardanapale. Il voulait par là assigner à ce royaume l'origine la plus glorieuse et la plus antique, et faire passer Ninus I pour plus ancien que Sésostris, et Diodore a reproduit toute cette histoire par crédulité. Mais ce récit ne saurait tenir devant un examen sérieux. Nous allons voir que Ctésias est constamment en contradiction avec les autres historiens, et que son récit contient beaucoup d'invraisemblances.

1° Suivant Ctésias, Ninive aurait été bâtie par Ninus I qui lui donna son nom, et Babylone par Sémiramis. La Genèse fait remonter la fondation de Ninive à Assur, fils de Sem, et celle de Babylone à Nemrod.

2° Ctésias et Diodore placent l'avénement de Ninus et sa prétendue conquête de la Médie 1,300 ans avant la chute de leur Sardanapale et avant la première Olympiade. Hérodote, historien bien antérieur à Ctésias, dit que les Assyriens régnèrent 520 ans seulement sur la Haute-Asie qui comprenait la Médie. Le même auteur place Sémiramis à une époque correspondante aux premières Olympiades, et nous verrons qu'une découverte récente, d'où il résulte que cette reine fut l'épouse de Phul, roi de Ninive, a donné complétement raison à Hérodote.

3° Ctésias et Diodore attribuent à Sémiramis la construction de presque tous les grands ouvrages de Babylone, tels que les murailles d'enceinte, les quais, le pont sur l'Euphrate, le grand lac, les digues et canaux faits pour la décharge du fleuve. Mais Bérose, Mégasthène, historiens chaldéens, et Abydène, cité par Josèphe, font auteur de ces ouvrages Nabuchodonosor-le-Grand qui mourut seulement en 562. Hérodote attribue le pont, les deux quais et le lac à la reine Nitocris, mère du roi Labynit sur lequel Cyrus prit Babylone. Sémiramis, qui la précéda, dit-il, de cinq générations, fit des digues destinées à contenir les eaux de l'Euphrate jusqu'alors stagnantes dans la plaine *. Il ne dit pas un mot des prétendues conquêtes de cette princesse.

4° Ctésias et Diodore rapportent que Sémiramis fit venir de l'eau dans la ville d'Ecbatane par un canal, pour le passage duquel on perça la racine du mont Oronte, situé à douze stades de la ville ; d'où il

---

* Hérodote fait les générations de 33 ans. Or, comme Nitocris, épouse de Nabuchodonosor-le-Grand, régnait déjà vers l'an 600, il s'ensuit que Sémiramis fut l'épouse du roi qui régnait vers 765, c'est-à-dire de Phul. C'est ce qui est confirmé par l'inscription de la statue du dieu Nébo, placée récemment au musée de Londres, traduite par le colonel Rawlinson et portant que la statue a été dédiée par le sculpteur Kalakh à son maître Phalukha, roi d'Assyrie et à son épouse Sémiramis.

résulterait qu'Ecbatane existait avant sa Sémiramis qu'il place 1,300 ans avant la première Olympiade. Le livre de Judith rapporte au contraire qu'Ecbatane, des murs de laquelle il donne la dimension, fut bàtie par un roi Mède, nommé Arphaxad (l'Arbace des Grecs), lequel fut vaincu, dans la plaine de Ragau, par le roi de Ninive Nabuchodonosor I qui, l'année suivante, envoya Holopherne en Syrie. Nous établirons que l'histoire de Judith n'a pu arriver que dans l'interrègne de Jéroboam II, roi d'Israël, à son fils Zacharie, vers 780, et qu'Arbace régna à cette époque.

5° Sémiramis était d'Ascalon en Phénicie, dans l'ancien pays des Philistins. Ctésias, en lui assignant ce lieu de naissance, veut faire croire que les Assyriens étaient déjà, à l'époque reculée qu'il indique, en possession de la Phénicie. Mais il est certain que le pays d'Ascalon, qui était séparé de l'Assyrie par la Palestine, fut inconnu aux Assyriens jusqu'aux rois Salmanasar et Asarhaddon qui firent la conquête de la Phénicie, le premier vers l'an 721, et le second vers l'an 700.

6° Enfin, les nombres exagérés de deux et trois millions d'hommes servant dans les armées de Ninus et de Sémiramis, armées dont l'approvisionnement a été reconnu impossible, démontrent suffisamment que les récits de Ctésias ne sont que des fables.

Le canon des rois Assyriens de Sémiramis à Sardanapale, reproduit, avec diverses variantes, par Castor de Rhodes, Eusèbe, le Syncelle et Moïse de Khorenne, est également fabuleux. On y voit des noms grecs et même égyptiens, tels que *Sethos*, probablement inconnus aux Assyriens de cette époque. Depuis Teutame qui aurait envoyé, vers 1217, un secours aux Troyens assiégés par les Grecs, jusqu'à Sardanapale régnant vers 816, il n'y aurait que neuf rois pour un espace de 400 ans; ce qui est tout à fait invraisemblable. Or les Paralipomènes (L. I, c. 18, v. 5, et L. II, c. 9, v. 26) mentionnent que David et

Salomon s'étendirent et régnèrent jusqu'à l'Euphrate, sans qu'ils aient rien eu à démêler avec les rois d'Assyrie; ce qui prouve que ces rois, s'il y en avait, étaient alors fort obscurs et très-peu puissants.

Le règne et la chute de Sardanapale, qui se serait brûlé dans son palais avec ses trésors, sont une autre fable de Ctésias qui voulait placer long-temps avant la destruction de Ninive, qui n'eut lieu qu'en 625, la fondation du grand empire de Babylone. Hérodote ne dit pas un mot du règne et de la chute de Sardanapale: il ne parle que d'un trésor d'un roi Assyrien qu'il nomme ainsi et qui paraît être Asarhaddon. « Ce trésor qui était caché dans un fossé près du Ti- « gre, faillit être dérobé, dit-il, par des voleurs qui « l'avaient découvert en creusant la terre qu'ils re- « jetaient successivement vers le fleuve. » Telle est la seule mention faite par Hérodote d'un roi de ce nom.

Tous les historiens de l'antiquité, Bérose, Alexandre Polyhistor, Velléius, Castor, Diodore lui-même, ne mentionnent qu'une seule chute du royaume de Ninive. Alexandre Polyhistor fait Sardanapale le dernier roi de Ninive et place sa chute à la même époque où le Syncelle place celle de Saracus, c'est-à-dire vers l'an 625. Ce qui a fait distinguer par quelques auteurs modernes Sardanapale de Saracus, c'est l'erreur commise par Velléius, Diodore, Castor et Eusèbe qui, d'après Ctésias, plaçaient le règne de Sardanapale 40 à 60 ans avant la première Olympiade. Mais une erreur de date, commise sur la foi d'un guide comme Ctésias, ne saurait suffire pour admettre l'existence de deux royaumes de Ninive, ayant fini tous deux à peu près de la même manière. Aussi n'admettrons-nous qu'un seul royaume de Ninive et un seul Sardanapale qui est le Saracus de 625.

L'histoire profane ne peut remonter plus haut, relativement à la chronologie des rois de Ninive, qu'au Nabuchodonosor I, prédécesseur de Phul, lequel envoya Holopherne en Syrie, et, relativement aux rois de Babylone, qu'à Nabonassar, dont l'avénement eut lieu en 747. On a peu de rènseignements sur les premiers rois de Babylone.

PREMIER ROYAUME DE BABYLONE.

747.   NABONASSAR.

Depuis Amraphel, le roi de Sennaar contemporain d'Abraham, on ne trouve plus, comme noms de rois babyloniens que Evechius et Chomasbèle indiqués par Alexandre Polyhistor, sur les règnes desquels nous n'avons aucun renseignement.

Nabonassar paraît avoir succédé à Chomasbèle. Ce prince, en décrétant que l'énumération des rois Chaldéens ne commencerait qu'à lui, fut l'auteur de l'ère qui porte son nom et qui part de l'an 747 avant J.-C. Cette ère fut long-temps en usage chez les Orientaux.

Nabonassar a été mal à propos confondu avec le roi fictif Bélésis, l'un des auteurs de la chute apocryphe du premier Sardanapale, ce roman de Ctésias, et avec Baladan, père de Mérodach-Baladan. Baladan n'est pas sur la liste des rois de Babylone et il nous paraît certain qu'il ne régna pas. Nabonassar mourut après un règne de 12 ans.

Le canon de Ptolémée lui donne pour successeurs Nabius qui régna 2 ans, Porus et Kinsir qui régnèrent à eux deux 5 ans, puis Iloulaï qui régna 5 ans. Mais il y a erreur quant à ce dernier: Iloulaï régna, non à Babylone, mais à Tyr, et Mérodach-Baladan, appelé aussi Mardokente et Mardokempade, fut le successeur immédiat de Khinzir.

725.   MÉRODACH-BALADAN.

Mérodach-Baladan, appelé Mardokente par Alexandre Polyhistor, était, suivant cet historien, un chef arabe qui détróna le roi indigène Khinzir.

C'est ce qui explique pourquoi Baladan, son père, ne régna pas. C'est Mérodach qui envoya des ambassadeurs à Ezéchias, roi de Juda, pour le féliciter de sa guérison à la suite d'une maladie (Isaïe, c. 39). Il régna quatorze ans et mourut en 709.

Puis régnèrent: Arkéan, cinq ans, Bel-Ithou, trois ans, Aparanadès, six ans, Ireghé-Bel, un an, Mesisi-Mérodach, quatre ans. Il y eut ensuite un interrègne de huit ans, à la suite duquel le roi de Ninive Asarhaddon s'empara de Babylone, dont il réunit les états à son propre royaume. Cette réunion se fit vers l'an 680 avant J.-C.

ROIS DE NINIVE.

790.   Nabuchodonosor.

Ce prince est le successeur de ce roi de Ninive qui fit pénitence avec tout son peuple, à la prédication du prophète Jonas*. Jonas prophétisa sous Amasias, roi de Juda, et Jéroboam II, roi d'Israël, de 825 à 784. Ninive était alors très-importante, car, dit ce prophète, elle avait trois jours de chemin, c'est-à-dire de circuit, et il y avait plus de 120,000 hommes ne sachant pas distinguer leur gauche de leur droite.

Suivant Diodore, elle avait 50 stades de longueur sur 90 stades de largeur, et 480 stades de circuit **.

---

* Une tradition chaldéenne fait mention de l'homme-poisson Oannès, qui chaque jour sortait de la mer Rouge pour enseigner aux Assyriens la sagesse et les lois.

** Rollin dit que les 480 stades font 24 lieues; mais M. Letronne adopte le petit stade de 400,000 à la circonférence du globe, qui équivaut à 111 mètres environ. Suivant lui, le petit stade était répandu dans la plus grande partie de l'Asie. D'après ce module, Ninive avait 16,700 mètres de long (3 lieues), 10,000 mètres de large (moins de 2 lieues), et 53,000 mètres de tour (moins de 10 lieues). Ces dimensions n'ont plus rien d'exorbitant, si l'on songe à la grande étendue qu'ont encore les villes en Orient, dont les maisons sont très-basses, et qui renferment des jardins très-vastes et très-nombreux.

Les murs avaient cent pieds de hauteur et une épaisseur si considérable, qu'on pouvait y conduire à
l'aise trois chars de front. Ils étaient revêtus et for-
tifiés de quinze cents tours, hautes de deux cents
pieds.

Pendant que Nabuchodonosor régnait à Ninive,
Arphaxad, l'Arbace des Grecs, roi des Mèdes, réunit,
par la force des armes, plusieurs nations à son
royaume (Judith, c. 1) et bâtit la puissante ville
d'Ecbatane. Elle était construite en pierres de taille
carrées; les murailles avaient soixante-dix coudées
de hauteur, trente coudées de largeur, et étaient flan-
quées de tours ayant cent coudées de hauteur. Chaque
tour était carrée, le côté ayant vingt pieds de large,
et les portes étaient pratiquées dans la hauteur des
tours.

La douzième année de son règne, Nabuchodonosor déclara la guerre à Arbace, le vainquit dans
les plaines de Ragau, et réunit ainsi à ses états la
Médie et la Perse.

L'année suivante et la treizième de son règne,
Nabuchodonosor irrité contre les peuples de la Cilicie, de la Syrie, du Liban et autres peuples voisins
qui avaient traité ignominieusement ses ambassadeurs,
lesquels les invitaient à se soumettre à lui, envoya
Holopherne, son général, pour leur faire la guerre.
Holopherne entra dans la Cilicie par les défilés des
montagnes Ange, détruisit la ville opulente de Me-
lothi, passa l'Euphrate, pénétra en Mésopotamie,
où il détruisit les places hautes et fortes depuis le
torrent de Mambré jusqu'à la mer. Puis il entra dans
le pays de Madian, le ravagea, mit à mort ou fit
captifs un grand nombre d'habitants, pénétra ensuite
dans les plaines autour de Damas, où il brûla les
moissons, coupa les arbres et les vignes. Il ne fut
arrêté, dans ses dévastations, qu'à une petite ville
de la tribu de Zabulon, nommée Béthulie, par la
main de Judith, veuve de Manassé, qui le tua pendant
la nuit.

4 *

On place généralement l'expédition d'Holopherne sous le règne de Manassès, roi de Juda, vers 655, afin de se mettre en rapport avec les règnes de Phraorte, qui serait Arphaxad, et de Saos-Doukin, qui serait Nabuchodonosor. D'autres placent l'histoire de Judith en 635, année où périt Phraorte dans un combat contre le roi de Ninive Chinaladan. Mais à ces hypothèses il existe une impossibilité tout à fait complète et décisive.

Béthulie, où fut tué Holopherne, était une ville non pas du royaume de Juda (Holopherne n'y pénétra même pas), mais de la tribu de Zabulon, près de Dothaïm et de Jesraël, dans la vallée de l'Aulon, à proximité de la Syrie, d'où venait ce général. Or cette tribu, conquise vers l'an 721 par le roi d'Assyrie Salmanasar, n'a pu songer en 655 ou en 635 à résister au général de son puissant souverain, et ce n'est pas dans de pareilles circonstances que l'idée aurait pu venir à Judith de le tuer : les Samaritains, qui dominaient alors dans les dix anciennes tribus d'Israël, étaient sujets dévoués aux rois d'Assyrie.

L'invasion d'Holopherne en Syrie ne peut donc se rapporter qu'à l'époque où les dix tribus du royaume d'Israël étaient encore indépendantes, lorsque le pays était encore inconnu aux Assyriens *; et comme dans ce grave événement on ne voit apparaitre aucun roi d'Israël, mais seulement le prêtre Eliacim, il devient évident que cette expédition ne peut être placée que dans un interrègne de minorité. Cet interrègne est celui de douze ans qui survint après la mort de Jéroboam II, à l'occasion de la minorité de son fils Zacharie. L'époque de cet interrègne, qui dura de 784 à 772, coïncide exactement avec

* Le langage de l'Ammonite Achior à Holopherne et les explications détaillées qu'il lui donne sur la religion et l'histoire des Israélites, démontrent bien que ce peuple était encore inconnu aux Assyriens; qu'ainsi il s'agit d'un fait antérieur aux règnes de Phul et de Théglathphalasar.

celle du roi Méde Arbace qui, d'après l'auteur Armé-
nien Moïse de Khorène, cité par M. de Saulcy
(Mém^res de l'Ac. des Insc^ons 1851), régna de 788 à
760. Nabuchodonosor paraît être encore le Ninus II
que Castor place entre Sardanapale et Phul, et auquel
il assigne un règne de 19 ans.

Au moyen de cette combinaison, l'histoire de Judith s'explique aisément ; et ce livre sur l'authenticité
duquel on avait des doutes (doutes qui paraissent fondés avec le système que nous combattons), reprend
ainsi toute son autorité.

Outre la Médie, Nabuchodonosor réunit, ainsi que
nous l'avons vu, la Mésopotamie qui devint pour ses
successeurs le chemin de la Palestine. Il réunit encore
la Perse, car suivant le cantique de Judith (c. XVI,
v. 12), les Mèdes et les Perses servaient dans l'armée
d'Holopherne: *Horruerunt Persæ constantiam ejus
et Medi audaciam ejus.* La Médie et la Perse restèrent, jusqu'au désastre de Sennachérib, dans le
domaine des rois de Ninive ; car le Livre IV des Rois
et les Paralipomènes énoncent que c'est dans les villes
des Mèdes, Hala, Habor etc. que Phul, Théglathphalasar et Salmanasar firent transporter les Israélites en
captivité (Par. L. I, c. V, v. 26). Tobie, qui rendait
les derniers devoirs aux morts dans les villes Médiques de Ragès et d'Ecbatane, y fut recherché par
ordre de Sennachérib qui voulait le faire périr.

Ainsi la Médie appartint aux rois d'Assyrie jusqu'à
la mort de Sennachérib, et l'organisation de cet État
en république démocratique jusqu'à son érection en
royaume par Déjoce, n'est qu'une fable racontée à
Hérodote par des Mèdes qui ne voulaient pas avouer
que leur pays avait été aussi longtemps une dépen-
dance de l'empire Assyrien.

Par ses conquêtes Nabuchodonosor fut le véritable
fondateur de l'empire de Ninive, lequel n'avait avant
lui, qu'une médiocre importance, puisque David et
Salomon régnèrent jusqu'à l'Euphrate, sans qu'ils
aient rien eu à démêler avec les rois Assyriens.

772.   PHUL (ou PHALUKHA).

Le Livre IV des Rois mentionne que Phul, roi des Assyriens, étant venu dans le pays d'Israël, Manahem, roi des dix tribus, lui donna mille talents d'argent afin qu'il le secourût et qu'il affermit son règne. Phul avait fait quelques captifs qu'il fit transférer dans les villes Médiques de Lahela, Habor, Hala et sur le fleuve Gozan. Cette expédition eut lieu en 770 (Paral. L. I, c. V. v. 26).

Ce roi est l'époux de la Sémiramis d'Hérodote, laquelle fut régente après sa mort, et fit sur l'Euphrate des digues pour contenir dans son lit les eaux qui se répandaient au dehors.

On vient de placer au Musée britannique une statue du dieu Nebo, sur la robe duquel se lisent les noms de Phul et de Sémiramis. Cette remarquable statue a été découverte à Babylone, dans la partie sud-est du palais de Nemrod. Le monument a 5 pieds 7 pouces de haut ; ses pieds reposent sur une assise épaisse de 3 pieds. La pierre, dans laquelle le sculpteur a cherché cette image, est un calcaire abondant en coquillages. La tête de Nébo est couverte par un bonnet en forme de sébile renversée qu'enserrent deux cornes et une tresse de pierre. Les yeux de la divinité sont grands, bien taillés en amande; sa barbe et sa chevelure descendent en spirales; la bouche est surmontée d'une moustache en croc, mais le nez est fruste. Aux poignets sont attachés des bracelets ornés d'un diadême de grosses perles. La robe de la divinité se colle à ses membres et laisse lire sur sa jupe étroite, dont la rondeur n'est interrompue par aucun pli, plusieurs lignes d'une écriture cunéiforme. Sir Henri Rawlinson a déchiffré l'inscription; il a établi que la statue est du sculpteur Kalakh, qu'elle a été dédiée par lui à son maitre Phalukha, roi d'Assyrie et à son épouse Sémiramis. Le nom de Sémiramis est parfaitement lisible.

THÉGLATHPHALASAR.

Ce roi est appelé Thilgame par Elien, et Tiglat-Pileser par les Orientaux.

Sous son règne, Achaz roi de Juda, se voyant attaqué en même temps par le roi de Syrie et par le roi d'Israël, dépouilla le temple de Jérusalem d'une partie de l'or et de l'argent qu'il y trouva et l'envoya à Théglathphalasar, pour l'engager à venir à son secours, lui promettant outre cela de devenir son vassal et de lui payer tribut. Le roi d'Assyrie, trouvant une occasion si favorable d'ajouter la Syrie et la Palestine à ses Etats, accepta sans balancer cette proposition. Il s'avança de ce côté-là avec une grande armée, et, ayant battu Razin, roi de Syrie, il prit Damas et mit fin au royaume que les Syriens y avaient établi, ainsi qu'il avait été annoncé par Isaïe (c. VIII, v. 4) et par Amos. De là il marcha contre le roi d'Israël Phacée et se saisit de tout ce qui appartenait au royaume d'Israël au-delà du Jourdain, comme aussi de la Galilée et de la tribu de Nephthali (742). Mais il fit payer bien cher sa protection à Achaz, exigeant de lui des sommes d'argent si considérables, qu'il fut obligé pour les fournir, de ramasser tout l'or et l'argent qu'il put trouver dans la maison du Seigneur et dans ses propres trésors. Ainsi cette alliance ne servit qu'à épuiser le royaume de Juda et à lui donner pour voisins les puissants rois de Ninive, dont Dieu se servit dans la suite comme d'autant d'instruments pour châtier son peuple.

728. **SALMANASAR.**

Sous son règne, Osée roi de Samarie, fit alliance avec le roi d'Egypte Sua (Sevéchus), espérant de s'affranchir par son secours du joug des Assyriens. Enhardi par cette alliance, Osée ne voulut plus payer à Salmanasar le tribut, ni lui faire les présents accoutumés.

Pour l'en punir, Salmanasar marcha avec une puissante armée contre lui, et, ayant subjugué tout le plat pays, il l'enferma dans Samarie où il le tint assiégé pendant trois ans. Au bout de ce temps, s'étant rendu maître de la ville, il chargea de chaines Osée et le mit en prison pour le reste de ses jours,

emmena le peuple en captivité et l'établit dans Hala
et Habor, villes des Mèdes (721). C'est ainsi que finit
le royaume d'Israël, ou des dix tribus, qui avait duré
254 ans depuis sa séparation de celui de Juda sous
Roboam. C'est alors que Tobie et sa famille furent
emmenés en captivité ; il devint un des officiers du
palais de ce roi.

Salmanasar s'empara encore, dans la Phénicie,
des villes de Sidon, Acco et Tyr la vieille. Mais Tyr
la neuve lui résista, et, avec douze vaisseaux, détruisit la flotte Assyrienne (Josèphe).

716.   Sᴇɴɴᴀᴄʜᴇ́ʀɪʙ.

Ce roi est aussi appelé Sargoun par Isaïe (c. XX).
Toutefois Gesenius et M. de Saulcy font Sargoun,
frère aîné et prédécesseur de Sennachérib. C'est
sous lui que la place d'Azot fut prise par Tartan.

Dès qu'il fut établi sur le trône, Sennachérib re-
nouvela la demande que son père avait faite à Ezéchias de payer un tribut. Sur son refus, il lui déclara
la guerre et entra dans la Judée avec une puissante
armée. Ezéchias, touché de voir son royaume au
pillage, lui envoya des ambassadeurs pour demander
la paix aux conditions qu'il voudrait lui prescrire.
Sennachérib, paraissant se radoucir, traita avec lui
et exigea une très-grosse somme d'or et d'argent.
Ce saint roi, pour la lui payer, épuisa ses trésors et
ceux du Temple. L'Assyrien, ne comptant pour rien
la sainteté des serments et des traités, continua la
guerre et poussa ses conquêtes plus vivement que
jamais. Tartan, l'un de ses généraux, prit Azot, place
très-forte de l'ancien pays des Philistins. Tout suc-
comba sous les efforts des Assyriens, et, de toutes les
places de Juda, il ne restait plus que Jérusalem, qui
se trouvait réduite à la dernière extrémité. Dans ce
moment, Sennachérib apprit que Tharaca, roi d'E-
thiopie, qui avait joint ses troupes à celles de Sevéchus, roi d'Egypte, s'avançait au secours de la ville
assiégée. C'était contre la défense formelle de Dieu
et malgré les remontrances d'Ezéchias et d'Isaïe, que

les principaux de Jérusalem avaient mendié ce secours étranger. Il partit sur-le-champ pour aller à la rencontre des ennemis, après avoir écrit à Ezéchias une lettre pleine de blasphèmes contre le Dieu d'Israël, dont il se vantait avec insolence qu'il deviendrait bientôt le vainqueur comme il l'avait été de tous les dieux des autres nations. Il défit les Egyptiens et les poursuivit jusque dans l'Egypte qu'il ravagea et où il fit un grand butin. Nous avons vu, à l'Histoire d'Egypte, qu'après avoir pénétré jusque vers Peluse, il fut obligé de revenir à la suite d'un dégât considérable causé par une multitude prodigieuse de rats, aux armes et au matériel de son armée.

C'est vers ce temps qu'Ezéchias étant tombé malade, Dieu lui promit de le guérir si parfaitement qu'avant trois jours il serait en état d'aller au temple, et que, pour marque de l'accomplissement de cette promesse, l'ombre du soleil rétrograda de dix degrés sur un cadran qui était dans le palais. Le roi de Babylone, Mérodach-Baladan, ayant appris la guérison d'Ezéchias, envoya des ambassadeurs pour le féliciter. Celui-ci, cédant à un mouvement de vanité répréhensible aux yeux de Dieu, s'empressa de leur montrer tout ce qu'il avait de plus rare et de plus précieux dans ses trésors et de leur faire remarquer la magnificence de son palais. C'est à cette occasion qu'Isaïe lui prédit que les trésors et les richesses, qu'il venait de montrer avec tant de faste à ces ambassadeurs, seraient un jour transportés à Babylone, et que ses enfants y seraient conduits pour servir dans le palais du roi.

A son retour d'Egypte, Sennachérib revint avec son armée devant Jérusalem et en forma de nouveau le siége. La perte de la ville paraissait inévitable ; mais Dieu, voulant punir les blasphèmes du roi assyrien, lui envoya l'Ange exterminateur dont l'épée fit périr en une nuit 185,000 hommes de son armée. Le roi fut obligé de regaguer son pays avec les malheureux débris de son armée, couvert de honte et de confusion, et il ne survécut que de quelques mois à son désastre.

De retour à Ninive, Sennachérib, outré de son malheur, traita ses sujets d'une manière tout à fait cruelle et tyrannique. Il exerça surtout sa fureur contre les Israélites dont il faisait tous les jours massacrer un grand nombre, et laissait leurs corps exposés dans les rues, défendant même qu'on leur donnât la sépulture. Tobie, pour se dérober à sa cruauté, fut obligé de se tenir caché pendant quelque temps : tous ses biens furent confisqués. L'humeur féroce du roi le rendit si insupportable à sa propre famille que ses deux fils aînés, Adramelech et Saratzar, conspirèrent contre lui et le tuèrent dans le temple et sous les yeux de son dieu Nesroch, devant qui il était prosterné. Ces deux princes, ayant été contraints de s'enfuir en Arménie, après ce parricide, laissèrent le trône à Asarhaddon, leur frère cadet.

712.   ASARHADDON.

Nous avons remarqué que, depuis Mérodach-Baladan, il y avait eu encore à Babylone quelques rois dont l'histoire ne nous a conservé que les noms. La race royale ayant manqué, il y eut, pendant huit ans, un interrègne plein de trouble et de confusion. Asarhaddon profita de cette conjoncture pour s'emparer de Babylone (680) et, l'ayant ajoutée à son premier empire, il régna 13 ans sur l'un et l'autre à la fois.

Après avoir réuni à l'empire assyrien la Syrie et la Palestine qui en avaient été détachées sous le règne précédent, il entra dans le pays d'Israël, où il fit captifs tous ceux qui y étaient restés, et les transporta en Assyrie, à la réserve d'un petit nombre qui échappèrent à sa recherche. Cependant, pour empêcher que le pays ne demeurât désert, il y fit venir des colonies de peuples idolâtres, tirées des pays au-delà de l'Euphrate, pour habiter dans les villes de Samarie. Alors fut accomplie la prédiction d'Isaïe que, *dans soixante-cinq ans, Ephraïm périrait et cesserait d'être au rang des peuples*. En effet, c'est précisément le temps qui s'était écoulé depuis cette prophétie, et le peuple d'Israël cessa pour lors d'être un peuple visible et subsistant ; ce qui en resta paraissait confondu avec les nations étrangères (677).

Asarhaddon, s'étant rendu maître du pays d'Israël, envoya quelques-uns de ses généraux avec une partie de son armée dans la Judée pour la réduire aussi sous son obéissance. Ils défirent Manassé, et, l'ayant pris lui-même, ils le menèrent à Asarhaddon, qui le mit aux fers et l'emmena avec lui à Babylone ; mais dans la suite ayant fléchi la colère de Dieu par un sincère repentir, le roi de Juda obtint sa liberté et retourna à Jérusalem.

Cependant les peuples qu'on avait fait venir dans la Samarie, à la place des anciens habitants, s'y trouvaient fort tourmentés des lions. Le roi assyrien, ayant appris que cela venait de ce qu'ils n'adoraient pas le dieu du pays, ordonna qu'on leur envoyât un prêtre israélite d'entre ceux qui avaient été transférés dans l'Assyrie, afin qu'il leur enseignât le culte du Dieu d'Israël ; mais ces idolâtres se contentèrent de l'associer avec leurs anciennes divinités et de le servir conjointement avec elles. Ce culte corrompu continua dans la suite, et c'est là la première source de l'aversion des Juifs contre les Samaritains.

C'est sous le règne d'Asarhaddon que Déjoce parvint à reconstituer, dans la Médie, une royauté indépendante et à arracher cette province de la domination de Ninive, sous laquelle elle était depuis la chute d'Arbace, vers 775. Hérodote raconte, en ces termes, l'élévation de Déjoce :

« Les Mèdes, dit-il, vivaient dans un état de
« liberté : cette liberté se changea bientôt en licence,
« et la faiblesse de leur gouvernement les jeta dans
« une espèce d'anarchie pire que la servitude. Le
« vol, la violence et l'injustice régnaient partout,
« parce qu'il n'y avait personne qui eût ou assez de

« force pour les réprimer, ou assez d'autorité pour
« les punir.

« La nation des Mèdes était alors divisée en six
« tribus. Presque tous ces peuples habitaient dans
« des villages, lorsque Déjoce, fils de Phraorte,
« érigea l'État en monarchie. Cet homme, voyant
« les grands désordres qui se commettaient dans
« toute la Médie, résolut de profiter de ces troubles,
« et commença à aspirer à la royauté. Ayant été
« élu d'abord juge dans son village, il y établit une
« si bonne police, que les villages voisins le prirent
« aussi pour arbitre de leurs différents, et enfin sa
« réputation de sagesse et d'équité s'étendit telle-
« ment, qu'il fut décidé, dans une assemblée géné-
« rale, que la Médie serait constituée en monarchie
« et que Déjoce en serait le roi.

« Déjoce, étant monté sur le trône, se choisit une
« garde parmi les Mèdes qui lui parurent le plus dé-
« voués à sa personne; il s'appliqua ensuite à polir
« et à civiliser les Mèdes qui, étant accoutumés à
« vivre à la campagne et dans les villages, presque
« sans lois et sans police, avaient contracté une hu-
« meur tout à fait sauvage. Il bâtit la ville d'Ecba-
« tane * sur une colline ; il y avait sept enceintes
« de murs disposées en telle sorte que la première
« au-dehors n'empêchait pas qu'on ne vit le parapet
« de la seconde, et la seconde n'ôtait pas la vue de
« celui de la troisième, et ainsi des autres. Dans la
« dernière et la plus petite des enceintes était le
« palais du roi avec tous ses trésors : dans la sixième
« qui joignait celle-là, il y avait plusieurs apparte-
« ments pour loger les officiers de sa maison, et les
« entre-deux des cinq autres enceintes étaient des-
« tinés à loger le peuple. La première et la plus

---

* Il y a ici une erreur d'Hérodote. Nous avons vu plus
haut que c'est Arbace, l'Arphaxad du livre de Judith, qui
fonda Ecbatane. Déjoce continua les constructions de cette
ville et y fit l'enceinte de sept murailles.

« grande enceinte était à peu près de la grandeur
« d'Athènes. »

Asarhaddon régna heureusement pendant 46 ans
sur les Assyriens de Ninive, et pendant 13 ans sur
les Babyloniens.

667.   SAOS-DOUKIN.

Le règne de ce prince, qui dura environ 20 ans,
n'est signalé par aucun événement remarquable. C'est
sous ce règne que Tobie, qui vivait encore, prédit
à ses enfants que Ninive, où il demeurait parmi les
captifs, serait bientôt détruite; ce à quoi il n'y avait
alors aucune apparence : « La ruine de Ninive est
« proche, leur dit-il, ne demeurez point ici, car je
« vois que l'iniquité de cette ville amènera sa fin.
« *Iniquitas ejus finem dabit ei.* » Il les avertit d'en
sortir après qu'ils l'auraient enseveli lui et sa femme.
C'est également sous ce règne que le prophète Nahum
annonça la ruine de Ninive.

647.   CHINALADANUS.

On a confondu assez généralement Chinaladan
avec Saracus, qui lui succéda; mais Georges le
Syncelle les distingue, et n'assigne à Chinaladan
qu'un règne de 14 ans, tandis qu'il serait de 22 ans
si ce roi était le même que Saracus.

Phraorte, fils de Déjoce, ne se contentant pas du
royaume de Médie que son père lui avait laissé,
attaqua les Perses, et les ayant vaincus dans un grand
combat, il les assujettit à son empire. Fortifié par
leurs troupes, il attaqua les nations voisines les unes
après les autres, en sorte qu'il se rendit le maitre de
presque toute la Haute-Asie, comprenant tout ce qui
est au nord du mont Taurus.

Ces heureux succès lui enflèrent extrêmement le
cœur. Il osa porter la guerre contre les Assyriens.
Chinaladan, leur roi, assembla dans son pays une
grande armée, et, s'étant avancé dans les plaines de
la Médie, il présenta la bataille à Phraorte. Le roi
de Médie fut battu, sa cavalerie prit la fuite, ses

chariots furent renversés et mis en désordre; enfin le roi d'Assyrie remporta une victoire complète. Profitant de la déroute des Mèdes, il entra dans leur pays, se rendit maitre des villes, poussa ses conquêtes jusqu'à Ecbatane, emporta d'assaut ses murailles, donna la ville au pillage à ses soldats et la dépouilla de tous ses ornements (635).

L'infortuné Phraorte, qui s'était sauvé dans les montagnes de Ragau, tomba enfin dans les mains de Chinaladan, qui le fit mourir à coups de javelot. Ainsi mourut ce roi, après un règne de 22 ans (635). Son fils Cyaxare lui succéda.

Le roi d'Assyrie s'en retourna à Ninive avec toute son armée, qui était encore fort nombreuse, et il fut quatre mois entiers à se donner du plaisir et à faire bonne chère avec tous ceux qui l'avaient accompagné dans cette expédition.

635.   **Saracus ou Sardanapale.**

Ce roi est appelé Sardanapale par Alexandre Polyhistor et par Bérose, et il est le seul roi de ce nom qui ait existé. Nous avons démontré en effet que l'histoire du premier Sardanapale n'est qu'un roman de Ctésias. Il est aussi appelé *Thonos-Concoleros* par les Grecs.

Saracus s'étant rendu méprisable à ses sujets par sa mollesse et le peu de soin qu'il prenait de son empire, Nabopolassar, gouverneur de Babylone, se ligua avec le roi de Médie Cyaxare I pour renverser le royaume de Ninive. Après une première bataille, où les Assyriens furent vaincus et poussés jusque dans Ninive, les alliés assiégèrent cette ville, la prirent d'assaut et la ruinèrent de fond en comble. Les deux armées s'enrichirent des dépouilles de Ninive, et Cyaxare, poursuivant sa victoire, se rendit maître de toutes les villes de l'Assyrie, excepté Babylone et la Chaldée qui restèrent à Nabopolassar.

Suivant quelques auteurs, Sardanapale périt à la prise de Ninive; nous croyons qu'il se retira à Tarse, en Cilicie, où il se fortifia. Alexandre-le-

Grand, avant la bataille d'Issus, trouva son tombeau à Anchialé, port de cette ville, avec cette inscription : *Sardanapale, fils d'Anacyndaraxe, fonda Tarse et Anchialé, et il y est mort.* Quelques-uns croient que cette inscription s'applique à Asarhaddon. C'est par la suite qu'on y ajouta ces mots : *Passant, mange, bois et joue,* qui furent appliqués à un premier Sardanapale, personnage tout à fait fictif.

ROIS DE BABYLONE.

625.   NABOPOLASSAR (NABOU-PAL-ATZER).

Nabopolassar, vainqueur de Saracus, transféra de Ninive à Babylone le siége de l'empire assyrien.

Sous son règne, Néchao, roi d'Egypte, alarmé du progrès des Assyriens, s'avança vers l'Euphrate à la tête d'une puissante armée et s'empara de Charcamis *.

Nabopolassar, voyant que depuis la prise de Charcamis par Néchao, la Syrie et la Palestine s'étaient détachées de son obéissance, son âge d'ailleurs et ses infirmités ne lui permettant pas d'aller en personne réduire ces rebelles, s'associa à l'empire son fils Nabuchodonosor et l'envoya à la tête d'une armée pour remettre ce pays sous son obéissance.

C'est de ce temps (l'an 607) que les Juifs comptent les années de Nabuchodonosor, savoir, de la fin de la troisième année du règne de Joakim, ou plutôt du commencement de la quatrième. Mais les Babyloniens ne comptaient les années de son règne que de la mort de son père, qui survint deux ans après.

Nabuchodonosor battit l'armée de Néchao vers l'Euphrate et reprit Charcamis. De là il marcha du côté de la Syrie et de la Palestine, et remit ces provinces sous sa domination.

Il entra aussi dans la Judée, mit le siége devant

---

* Voir l'histoire d'Egypte : Néchao II.

Jérusalem et s'en rendit maître (907). Il avait fait mettre Joakim aux fers pour le transporter à Babylone ; mais, touché de son repentir, il le rétablit sur le trône. Un grand nombre de Juifs, et entr'autres les enfants de la race royale, furent menés captifs à Babylone, et l'on y transporta tous les trésors du palais et une partie des vases du temple. Ainsi fut accomplie la menace que Dieu avait faite au roi Ezéchias par son prophète Isaïe. Daniel, âgé pour lors de dix-huit ans, fut emmené avec les autres, et Ezéchiel peu de temps après. C'est de cette année 607, la quatrième du règne de Joakim, qu'il faut commencer les soixante-dix ans de la captivité des Juifs à Babylone.

Nabopolassar mourut la cinquième année du règne de Joakim, après avoir lui-même régné 21 ans.

605. **Nabuchodonosor II.**

Il est appelé *Nabou-Cadr-Atzer* par les Orientaux. Ce prince, dès qu'il eut appris la mort de son père, partit en diligence de la Judée où il était, pour se rendre à Babylone ; il prit le plus court chemin par le désert, étant accompagné de peu de gens et ayant laissé à ses généraux le gros de son armée pour la ramener à Babylone avec les captifs et le butin. Dès qu'il fut arrivé, il reçut le gouvernement des mains de ceux qui le lui avaient conservé avec soin, et succéda ainsi à tous les Etats de son père, qui comprenaient la Chaldée, l'Arabie, la Syrie et la Palestine.

La quatrième année de son règne, il eut un songe dont il fut fort effrayé, mais qu'il oublia entièrement. Ayant consulté les sages et les devins pour savoir d'eux ce qu'il y avait vu, tous lui répondirent qu'il était impossible de deviner le songe, et que tout ce qu'on pouvait faire était de le lui expliquer après qu'il l'aurait fait connaître. Le roi, s'imaginant qu'ils agissaient de mauvaise foi, se mit en fureur et les condamna tous à mort. Daniel, avec ses trois compagnons, était compris dans cet arrêt, comme étant du nombre des sages. Après avoir invoqué son Dieu, il alla trouver le roi et lui raconta ce qu'il avait vu en songe : « C'était, lui dit-il, une statue d'une « hauteur énorme et d'un regard effrayant, dont la « tête était d'or, la poitrine et les bras d'argent, le « ventre et les cuisses d'airain, les jambes de fer, « et les pieds en partie de fer et en partie d'argile. « Pendant que vous étiez attentif à cette vision, une « pierre s'est détachée d'elle-même d'une montagne « et, frappant la statue par les pieds, elle l'a brisée « et réduite en poudre ; et la pierre est devenue « une montagne qui a rempli toute la terre. » Au récit de ce songe Daniel en ajouta l'explication, marquant les trois grands empires, des Perses, d'Alexandre et des Romains, qui devaient succéder à celui des Assyriens. « Après ces royaumes, con- « tinua Daniel, le Dieu du ciel en suscitera un qui « ne sera jamais détruit, qui ne passera point à un « autre peuple, qui renversera et anéantira tous ces « royaumes et qui subsistera pendant toute l'éter- « nité. » Par où il désignait clairement le royaume de Jésus-Christ. Le roi, tout hors de lui-même, et ravi d'admiration, après avoir reconnu et déclaré hautement que le Dieu des Israélites était véritable- ment le Dieu des dieux, éleva Daniel aux premières charges de l'Etat, le fit chef de ceux qui avaient la surintendance sur les Mages, l'établit gouverneur de toute la province de Babylone, et l'un des prin- cipaux seigneurs du conseil qui suivit toujours la cour. Ses compagnons eurent aussi part à son élévation.

Joakim, s'étant révolté contre Nabuchodonosor, les généraux de celui-ci marchèrent contre lui avec les troupes qu'ils avaient dans le pays, et exercèrent toutes sortes d'hostilités sur ses terres. *Il s'endormit avec ses pères :* c'est tout ce que l'Ecriture nous marque de sa mort. Jérémie avait prédit (c. 22, v. 18, 19) *qu'il ne serait ni regretté ni pleuré, que sa sépulture serait comme d'un âne mort, et qu'on le jetterait tout pourri hors des portes de Jérusalem.*

Cela fut sans doute exécuté, sans qu'on sache de qu'elle manière.

Jéchonias succéda à l'impiété de son père aussi bien qu'à son royaume. Les lieutenants de Nabuchodonosor ayant formé le blocus de Jérusalem, le roi assyrien vint lui-même, trois mois après, à la tête de son armée et se rendit maître de la ville. Il enleva tous les trésors du temple et du palais du roi, et tout ce qui restait des vases d'or que Salomon avait faits pour l'usage du temple, et les fit transporter à Babylone où il emmena un grand nombre de captifs, parmi lesquels était le roi Jéchonias, sa mère, ses femmes, tous les officiers et tous les grands de son royaume. Le roi d'Assyrie mit sur le trône de Judée, à la place de Jéchonias, Mathanias, son oncle, appelé autrement Sédécias.

Ce dernier ne fut pas plus religieux ni plus heureux que ses prédécesseurs. Ayant fait alliance avec Pharaon-Ephrée (Apriès), roi d'Egypte, il rompit le serment de fidélité qu'il avait prêté au roi de Babylone. Celui-ci l'en punit bientôt et l'assiégea dans sa capitale. L'arrivée du roi d'Egypte, à la tête d'une armée, donna un rayon d'espérance aux assiégés ; mais leur joie fut courte : les Egyptiens n'osèrent pas combattre l'armée nombreuse et aguerrie des Assyriens. Ils se retirèrent ; le vainqueur les poursuivit, puis revint devant Jérusalem et y remit le siége qui dura près d'un an. Enfin la ville fut emportée d'assaut, et il s'y fit un carnage effroyable. Nabuchodonosor fit tuer les deux fils de Sédécias sous les yeux de leur père, avec tous les nobles et les grands de Juda ; il lui fit crever les yeux à lui-même, le chargea de chaînes et l'emmena à Babylone où il demeura en prison jusqu'à sa mort. La ville et le temple furent pillés et brûlés, et les fortifications démolies.

De retour à Babylone, Nabuchodonosor fit élever une statue couverte d'or, haute de 60 coudées, assembla tous les grands pour en faire la dédicace, et ordonna à tous ses sujets de l'adorer, menaçant ceux qui y manqueraient de les faire jeter au milieu des flammes d'une fournaise ardente. Ce fut dans cette occasion que les trois jeunes hébreux, Ananias, Misraël et Azarias, qui refusèrent, avec un courage invincible, d'obéir à l'ordre impie du roi. furent conservés d'une manière miraculeuse au milieu des flammes. Le roi, témoin par lui-même d'un miracle si étonnant, fit un édit par lequel il défendit à qui que ce fût, sous peine de la vie, de blasphêmer le nom du Dieu d'Israël, et il éleva ces trois jeunes hommes aux plus hautes dignités.

Nabuchodonosor, la vingt et unième année de son règne et la quatrième depuis la destruction de Jérusalem, revint dans la Syrie et mit le siége devant Tyr, où régnait alors Ithobal. C'était une ville forte, opulente, qui n'avait jamais été assujétie à aucune puissance étrangère, et qui était alors en grande réputation pour son commerce, par le moyen duquel plusieurs de ses citoyens étaient devenus autant de princes en richesses et en magnificence (Isaïe, c. 23, v. 8). Elle avait été bâtie par les Sidoniens 240 ans avant la construction du temple de Jérusalem (1250) lorsque, Sidon ayant été prise par les Philistins d'Ascalon, plusieurs Sidoniens, qui s'étaient sauvés sur leurs vaisseaux, allèrent fonder Tyr. C'est pour cela qu'elle est appelée dans Isaïe *la fille de Sidon*, mais elle surpassa bientôt sa mère en grandeur, en richesses et en puissance. Aussi se trouva-t-elle en état, à l'époque dont nous parlons, de résister, pendant treize années de suite, à un monarque sous le joug duquel tout le reste de l'Orient avait plié.

Ce ne fut qu'après un si long intervalle que Nabuchodonosor se rendit maître de Tyr. Ses troupes y souffrirent des fatigues incroyables, de sorte que, selon l'expression du prophète, *toute tête en était devenue chauve et toute épaule pelée*. Avant que Tyr eût été réduite à la dernière extrémité, les habitants s'étaient retirés, avec la plupart de leurs effets, dans une île voisine, à un demi-mille du rivage, où ils bâtirent une nouvelle ville, dont le nom et la gloire effacèrent le souvenir de la première qui, depuis ce désastre, n'a plus été qu'un simple village, connu sous le nom de *l'ancienne Tyr.*

Nabuchodonosor et son armée, ayant essuyé d'horribles fatigues dans un si long et si pénible siége, et n'ayant rien trouvé dans la place, rien qui pût les récompenser, dit Ezéchiel (29, v. 20), du service qu'ils venaient de rendre à Dieu, en exécutant sa vengeance contre cette ville, Dieu, pour les en dédommager, leur abandonna les dépouilles de l'Egypte. Le roi de Babylone, profitant donc des divisions intestines causées par la révolte d'Amasis contre Apriès, marcha sur ce pays et le subjugua en entier, depuis Migdol, place à l'entrée du royaume, jusqu'à Thèbes, le Nô-Ammon (*Diospolis*) dont le prophète Nahum avait prédit la dévastation, et, jusqu'à Syène, sur la frontière d'Ethiopie. Il y fit partout d'horribles ravages, mit à mort un grand nombre d'habitants et réduisit le pays dans une si grande désolation qu'il ne pût se rétablir de quarante ans. Nabuchodonosor, ayant chargé son armée de dépouilles et soumis tout le royaume, en vint à un accommodement avec Amasis, et, l'ayant confirmé dans la possession du royaume comme son vice-roi, il reprit le chemin de Babylone.

Après que Nabuchodonosor eut terminé heureusement toutes ses guerres, il s'occupa à mettre la dernière main aux constructions et aux embellissements de Babylone. Diodore donne, au règne de Sémiramis, la description des grands ouvrages qui furent construits dans cette ville par ses différents rois. Bérose, Mégasthène, Abydène, Josèphe et Eusèbe font Nabuchodonosor auteur de presque tous ces ouvrages, savoir les murailles de la ville, le lac, les digues et canaux faits pour la décharge de l'Euphrate, les deux palais situés aux côtés du pont et les jardins suspendus qu'il créa dans le palais à l'occident du pont, pour plaire à sa femme Amytis, fille d'Astyage, roi de Médie. Hérodote attribue la construction du pont et des deux quais de la rivière à Nitocris, seconde épouse de Nabuchodonosor. *

C'est ici le lieu de décrire les grands ouvrages qui furent exécutés à Babylone par les rois d'Assyrie.

Babylone était construite dans un terrain gras et fertile. Les murailles étaient en briques, cimentées de bitume ; suivant Hérodote et Ctésias, elles avaient 50 coudées d'épaisseur, 200 coudées ** de hauteur et 480 stades de circuit. Elles formaient un carré parfait de 120 stades de côté ; ce qui, d'après le petit stade de 111 mètres $\frac{1}{2}$, donnerait environ dix lieues de circuit, c'est-à-dire le même circuit que Ninive. Chaque côté de ce carré avait 25 portes d'airain massif ; ce qui faisait en tout 100 portes. Entre ces portes et aux angles de chaque carré, il y avait plusieurs tours, élevées de dix pieds plus haut que les murailles.

Des vingt-cinq portes de chaque côté du carré partaient autant de rues qui aboutissaient aux portes du côté opposé ; de sorte qu'il y avait en tout cinquante rues qui se coupaient à angles droits. Elles étaient bordées de maisons qui avaient trois ou quatre étages et dont le devant était orné de toutes sortes

---

* Nitocris, dit Hérodote, fit construire à Babylone, le pont sur l'Euphrate, long d'un stade avec trente pieds de large, ainsi que les quais adjacents au fleuve. Elle avait placé son tombeau au-dessus d'une des portes les plus remarquables de la ville, avec une inscription qui avertissait ses successeurs de ne point toucher, sans une extrême nécessité, aux richesses qui y étaient renfermées. Le tombeau demeura fermé jusqu'au règne de Darius, fils d'Histaspe, qui, l'ayant fait ouvrir, n'y trouva que cette inscription : « Si tu n'étais insatiable d'argent « et dévoré par une basse avarice, tu n'aurais pas ouvert les « tombeaux des morts. » Cette reine paraît avoir été régente pendant la démence de Nabuchodonosor II.

** Cette hauteur doit, suivant des auteurs plus dignes de foi, être réduite à 50 coudées, et la largeur à celle de deux chars attelés.

d'embellissements. Ces maisons n'étaient point con-
tiguës, ayant de chaque côté un vide qui les séparait
les unes des autres pour former des jardins, lesquels,
avec les terres qu'on labourait, occupaient suivant
Quinte-Curce, près de la moitié de la ville.

Aux deux extrémités du pont sur l'Euphrate étaient
deux palais qui communiquaient ensemble par une
voûte qu'on avait construite sous le lit du fleuve pendant qu'il était à sec. Le vieux palais, situé à l'orient,
avait trente stades de circuit, et le nouveau palais en
avait soixante. C'est dans ce dernier qu'étaient les
fameux jardins suspendus, fondés par Nabuchodonosor II; ils formaient un carré d'environ 130 mètres
de côté et étaient disposés en un amphithéâtre de
plusieurs terrasses communiquant entre elles par un
escalier large de dix pieds. La plus haute terrasse
égalait la hauteur des murs de la ville; sur cette terrasse était une pompe qui ne paraissait point, par le
moyen de laquelle on tirait en haut l'eau de la rivière et on en arrosait tout le jardin. On avait mé-
nagé, dans l'espace qui séparait les voûtes d'appui,
de grandes et magnifiques salles qui étaient fort éclai-
rées et avaient une vue très-agréable. La terre qui
avait été jetée sur les plates-formes était si profonde,
que les plus grands arbres pouvaient y prendre
racine. Aussi toutes les terrasses en étaient-elles
couvertes, aussi bien que de toutes sortes de plantes
et de fleurs propres à embellir un lieu de plaisance.

Parmi les autres grands ouvrages de Babylone, on
cite, le grand lac, les digues et les canaux. A l'approche de l'été, le soleil venant à fondre les neiges
des Montagnes d'Arménie, il en naît une grande crue
d'eaux qui, se jetant dans l'Euphrate, lui font franchir
ses bords. Comme la ville et le pays en souffraient
beaucoup de dommage, pour y remédier, on fit tirer
fort haut au-dessus de la ville deux canaux pour
détourner dans le Tigre ces eaux débordées, avant
qu'elles fussent parvenues à Babylone.

Afin que le pays fût encore plus en sûreté contre

les inondations, on fit construire une prodigieuse digue de brique cimentée de bitume des deux côtés du fleuve, pour le retenir dans son lit, laquelle s'étendait depuis la tête des canaux jusqu'à la ville et un peu au-dessous.

Pour faciliter la construction de la plupart de ces ouvrages, il avait fallu détourner le cours de la rivière. On avait pour cela creusé, à l'occident de Babylone, un grand lac qui, selon Hérodote, avait 420 stades en carré, c'est-à-dire, 21 lieues, et 35 pieds de profondeur. Le fleuve fut conduit tout entier dans ce vaste lac par un canal qu'on avait coupé à son bord occidental, et, lorsque les ouvrages étaient finis, on le faisait rentrer dans son lit ordinaire. Ce lac servait à conserver l'eau des débordements et formait un réservoir commun d'où on la tirait, par le moyen des écluses, dans les temps convenables, pour arroser les terres voisines.

Au retour de ses expéditions guerrières, vers l'an 589, Nabuchodonosor eut le songe suivant. Il vit un arbre qui s'élevait jusqu'au ciel et dont les branches, chargées de fruits, s'étendaient jusqu'aux extrémités de la terre. Toutes les bêtes habitaient dessous; les oiseaux du ciel se reposaient sur ses branches et tout ce qui était animé, y trouvait de quoi se nourrir. Alors le Dieu saint (*vigil et sanctus*) descendit du ciel et cria:
« Abattez l'arbre par le pied, coupez-en les branches
« et dispersez-en les fruits, mais laissez la souche
« en terre avec ses racines. Qu'il soit lié avec des
« chaines de fer parmi l'herbe des champs, qu'il soit
« mouillé de la rosée du ciel et qu'il paisse l'herbe
« de la terre avec les bêtes sauvages: qu'on lui ôte
« son cœur d'homme et qu'on lui donne un cœur de
« bête pendant sept époques, *septem temporibus.*
« Ainsi l'ordonne Celui qui veille, afin que les hommes
« vivants connaissent que c'est le Très-Haut qui est
« le maître des royaumes, qui les donne à qui il lui
« plait et qui choisit, quand il veut, le dernier d'entre
« les hommes pour le mettre sur le trône. »

Le roi effrayé consulta tous ses mages, mais inutilement. Il fallut avoir recours à Daniel qui fit au roi lui-même l'application du songe, en lui marquant qu'il serait banni de la compagnie des hommes pendant les sept temps fixés, que, réduit à la demeure et à la condition des bêtes, il paîtrait l'herbe comme un bœuf, que son royaume pourtant lui serait conservé et qu'il le recouvrerait après qu'il aurait reconnu que toute puissance vient du Ciel. Enfin il l'exhorta à racheter ses fautes par des œuvres de miséricorde envers les pauvres.

Toutes ces choses arrivèrent au roi comme Daniel les avait prédites. Un an après, dans un moment où il regardait avec complaisance et vanité les grands bâtiments qu'il avait fait construire à Babylone, il entendit tout à coup une voix du ciel qui lui prononça son arrêt. À l'heure même il perdit le sens : on le bannit de la compagnie des hommes et il vécut comme une bête, exposé aux injures de l'air et ne vivant que d'herbe ; le poil de son corps devint semblable aux plumes d'un aigle, et ses ongles s'allongèrent comme les griffes des oiseaux. (Daniel, c. 4.) *

Après que le temps marqué fut accompli, l'esprit et le sens lui revinrent. « Il leva les yeux au Ciel, dit « l'Ecriture, bénit le Très-Haut et rendit gloire à « celui qui vit éternellement, reconnaissant que son « empire est éternel, que tous les habitants de la terre « sont devant lui comme un néant, et qu'il fait tout « ce qu'il lui plait au ciel et sur la terre. » Alors il recouvra sa première forme. Les grands de sa cour allèrent le chercher; il remonta sur le trône et devint plus grand et plus puissant que jamais. Pénétré de la plus vive reconnaissance, il fit un édit solennel

* Un auteur interprète *septem temporibus* sept jours ou sept semaines, et attribue au délire causé par une fièvre chaude l'état du roi de Babylone. Nous croyons que la maladie de ce roi dura sept ans, ou sept lunaisons, pendant lesquelles fut régente la reine Nitocris, célèbre par ses travaux.

pour publier dans toute l'étendue de sa domination, les merveilles étonnantes que Dieu venait de faire en sa personne.

Ce prince mourut en 562, ayant régné depuis la mort de son père, l'espace de 43 ans. Il est l'un des plus grands rois qui aient régné en Orient. Son fils Evilmérodach lui succéda.

562.   **E**VILMÉRODACH.

Ce prince, dès qu'il fut établi sur le trône, fit sortir Jéchonias de la prison où il avait été détenu près de trente-sept ans.

On place sous ce règne, qui ne fut que de deux ans et quelques mois, la découverte par Daniel de la fraude des prêtres de Bel, l'innocent artifice par lequel ce prophète fit périr un dragon qui était honoré comme un dieu, la délivrance miraculeuse par laquelle ce même prophète fut tiré de la fosse aux lions, où le prophète Habacuc lui avait porté de la nourriture.

Evilmérodach s'était rendu si odieux par ses débauches et ses autres déréglements, que ses propres parents, parmi lesquels était Nériglissor, son beau-frère, conspirèrent contre lui et le mirent à mort.

L'ordre de succession des derniers rois de Babylone depuis Evilmérodach jusqu'à la prise de cette ville par Cyrus, et la date de l'avènement de Cyrus au trône, ont donné lieu à de graves difficultés et à des dissentiments parmi les savants.

Rollin fait deux personnages distincts d'Evilmérodach et de Baltasar. Ce sentiment n'est pas sans difficulté, et nous sommes même porté à croire, avec M. de Saulcy (Mém^res de l'Ac. des Insc^ons, 1851), qu'ils ne font qu'un seul personnage. En effet la plus complète analogie existe entre ces deux princes. Evilmérodach, suivant le Canon de Ptolémée et les auteurs chaldéens Berose et Mégasthène, ne régna que deux ans et quelques mois. Du texte de Daniel il ne résulte pas que Baltasar ait régné plus longtemps que deux ans et quelques mois d'une troisième année.

Tous deux périrent victimes d'une conspiration intérieure, car Daniel ne dit nullement que Baltasar ait été tué à la prise de Babylone par Cyrus; il rapporte seulement que Baltasar fut tué dans la nuit du festin sacrilège qu'il donna à sa cour avec les vases sacrés qui avaient été pris dans le temple de Jérusalem. Ce qui confirme victorieusement cette opinion, c'est que Baruch et Daniel qui désignent Baltasar comme fils de Nabuchodonosor II, associé, même du vivant de son père, aux honneurs royaux *, ne nomment nulle part Evilmérodach, tandis que Jérémie et le livre IV des Rois, qui désignent Evilmérodach comme le successeur de son père, ne nomment pas Baltasar. Ces deux noms s'appliquent donc évidemment au même personnage.

Mais, dira-t-on peut-être, Daniel, en énonçant que Darius le Mède (qui est le Cyaxare II, oncle de Cyrus) succéda à Balthasar, n'indique-t-il point par là et par la fameuse inscription *Mane*, *Thecel*, *Pharès*, que le festin de Baltasar fut suivi immédiatement de la prise de Babylone par Cyrus? Admettre l'identité d'Evilmérodach et de Baltasar, poursuit-on, c'est exclure les règnes intermédiaires de Nériglissor et de Laborosoarchod.

A cette objection la réponse est facile. Quand Daniel dit que Darius le Mède succéda à Baltasar, il veut simplement rappeler l'exécution des menaces divines contenues dans les mots *Mane*, *Thecel*, *Pharès* (c'est-à-dire *jours comptés, pesés et tranchés*), annonçant la fin des jours et du règne de ce prince; mais il n'en résulte pas nécessairement que le roi Mède ait succédé tout de suite à Baltasar, et rien

* *Et orate pro vitâ Nabuchodonosor regis Babylonis et pro vitâ Baltasar filii ejus, ut sint dies eorum sicut dies cœli super terram; et ut det Dominus virtutem nobis, et illuminet oculos nostros ut vivamus sub umbrâ Nabuchodonosor regis Babylonis et sub umbrâ Baltasar filii ejus, et serviamus eis multis diebus, et inveniamus gratiam in conspectu eorum.* (Baruch, l. 1, c. 1.)

dans les paroles de Daniel, qui est très-bref à ce sujet, n'exclut la possibilité d'un vide comblé par les règnes de Nériglissor et de Laborosoarchod.

La première année du règne d'Evilmérodach, Daniel eut la vision des quatre bêtes qui figuraient les quatre grandes monarchies, et celle du royaume du Messie, qui devait leur succéder. La troisième année de ce prince, il eut la vision du bélier et du bouc, qui figuraient la destruction de l'empire des Perses par Alexandre-le-Grand, et la persécution qu'Antiochus Epiphane, roi de Syrie, devait susciter aux Juifs.

559.   **Nériglissor.**

Ce prince est appelé Nerghel-Saratzer par les Orientaux. Nous avons vu qu'ayant été à la tête de la conspiration contre son beau-frère Evilmérodach, il fut appelé par les conjurés à lui succéder.

Nériglissor régna près de quatre ans. Les modernes ont placé sous son règne l'histoire de cette bataille livrée sur les frontières de l'Assyrie par Cyrus contre les Babyloniens, bataille sur laquelle la Cyropédie donne beaucoup de détails, et où le roi assyrien aurait perdu la vie. Mais on ne trouve aucune trace de cet événement dans les historiens de l'antiquité, et aussi sommes-nous porté, avec l'excellent critique M. de Saulcy, à l'écarter de notre histoire.

En général, il ne faut admettre qu'avec réserve les récits de la Cyropédie, ouvrage dans lequel Xénophon cherche moins, dit Cicéron, à suivre l'exactitude historique qu'à donner le modèle d'un bon gouvernement : *Scriptus est à Xénophonte Cyrus, non ad historiæ fidem, sed ad justi effigiem imperii.* (Litt. Quinto fratri, Lib. 1.)

Avant de passer au dernier roi de Babylone, revenons à l'histoire des rois de Médie, que nous avons perdus de vue depuis longtemps.

A Phraorte avait succédé, en 635, son fils Cyaxare I, qui régna 40 ans. Nous avons vu la part que prit Cyaxare à la destruction de Ninive et à la chûte de Saracus. Il ne fut pas d'abord aussi heureux contre les Scythes.

Ce peuple, sorti des environs du Palus-Méotide, et ayant chassé les Cimmériens de l'Europe, marchait sous la conduite de son chef Madyès, en poursuivant toujours les Cimmériens. Ceux-ci trouvèrent le moyen d'échapper aux Scythes, qui s'avancèrent jusques dans la Médie. Lorsque Cyaxare eut appris la nouvelle de cette irruption, il discontinua le siége de Ninive qu'il avait commencé, et retourna en Médie pour leur présenter la bataille ; les Mèdes furent vaincus. Les Scythes se répandirent non-seulement dans la Médie, mais aussi dans presque toute l'Asie, dans l'Egypte, où régnait alors Psammitique I (voir ce roi), et dans la Palestine, où ils pillèrent le temple d'Ascalon, dédié à Vénus. La ville de Bethsan, située dans cette province, reçut d'eux le nom de Scythopolis.

Les Scythes tinrent durant vingt-huit ans l'empire de la Haute-Asie, qui comprenait les deux Arménies, la Cappadoce, le Pont, la Colchide et l'Ibérie. Les Mèdes ne purent s'en défaire que par la fraude. Sous prétexte d'entretenir et de fortifier l'alliance qu'ils avaient faite ensemble, ils en invitèrent la plus grande partie à un festin qui se faisait dans chaque famille ; chacun enivra ses hôtes, et les Scythes furent ainsi massacrés. Les Mèdes reprirent toutes les provinces qu'ils avaient perdues et étendirent leur empire jusqu'aux bords du fleuve Halys.

Ceux des Scythes qui ne s'étaient pas trouvés à ces festins, ayant appris la mort de leurs compagnons, se retirèrent en Lydie auprès du roi Alyatte qui les reçut humainement. Ce fut un signal de guerre entre lui et Cyaxare. Ce dernier conduisit ses troupes sur les frontières de la Lydie. Après plusieurs combats peu décisifs pendant cinq ans, il se donna la sixième année (597) une bataille remarquable par une éclipse de soleil qui changea tout à coup le jour en une nuit très-obscure. Les Mèdes et les Lydiens, effrayés de cet événement imprévu qu'ils regardaient comme un signe de la colère des dieux *, se retirèrent de part et d'autre et firent la paix. Syennesis, roi de Cilicie, et Nabuchodonosor, roi de Babylone, en furent les médiateurs : elle fut assurée par le mariage d'Astyage, fils de Cyaxare, avec Aryénis, fille d'Alyatte. Aryénis ne fut que la seconde épouse d'Astyage, puisque Cyrus, petit-fils de celui-ci, était né en 599.

Astyage, fils et successeur de Cyaxare 1, régna environ 35 ans (de 595 à 560). Hérodote le dépeint comme un mauvais prince, et, malgré les éloges que lui donne Xénophon, les traditions locales, suivant Moïse de Khorène, ont confirmé le jugement d'Hérodote.

Ce prince, sur un songe effrayant qui lui annonçait que le fils qui naîtrait de sa fille le détrônerait, donna sa fille, Mandane, en mariage à un Persan d'une condition obscure, nommé Cambyse. Un fils étant né de ce mariage, le roi chargea Harpagus, l'un de ses principaux officiers, de le faire mourir. Celui-ci le donna à l'un des bergers du roi pour l'exposer dans une forêt. Mais l'enfant, ayant été sauvé miraculeusement et nourri en secret par la femme du berger, fut, dans la suite, reconnu par son grand-père qui se contenta de le reléguer dans le fond de la Perse et fit tomber toute sa colère sur le malheureux Harpagus à qui il donna son propre fils à manger dans un festin. Le jeune Cyrus, plusieurs années après, averti par Harpagus de ce qu'il était, et, animé par ses conseils et ses remontrances, leva une armée en Perse, marcha contre Astyage, le défit dans un combat. Cyrus, maître d'Astyage, qui était devenu son prisonnier, se conduisit plutôt en petit-fils qu'en vainqueur, et, comme Astyage ne voulait pas retourner dans la Médie, il le mit à la tête de la nation des Hyrcaniens. Cyrus devint alors

---

* Cette éclipse avait été prédite par Thalès de Milet. Le P. Petau et M. de Saulcy la placent en 597.

maitre du royaume de Médie (560). C'est ainsi qu'Hérodote rapporte les faits de l'enfance de Cyrus. Revenons à l'histoire des rois d'Assyrie.

553. LABOROSOARCHOD.

Laborosoarchod, fils de Nériglissor, lui succéda au trône d'Assyrie. Ce prince, né avec les inclinations les plus vicieuses, s'y abandonna sans retenue lorsqu'il fut sur le trône. Il ne régna que neuf mois. Ses sujets conspirèrent contre lui et le mirent à mort. Quelques-uns croient qu'il est le même que le Labynit qui, suivant Hérodote, régnait à Babylone, lors de l'approche de Cyrus contre cette place.

554. NABONID ou NABOANDEL, LABYNIT.

Après la mort de Laborosoarchod, les Babyloniens, suivant Bérose et Mégasthène, conférèrent les rènes du gouvernement à un général, nommé Naboandel, qui régna environ seize ans, c'est lui qui eut à défendre Babylone contre Cyrus.

On a confondu Nabonid (en langue chaldaïque Naboandel) avec Darius le Mède : mais cette assimilation est tout à fait dénuée de fondement. Il n'est pas probable, en effet, que les Babyloniens eussent élu un Mède pour les commander contre l'armée des Mèdes et des Perses. Darius avait 62 ans d'âge, dit Daniel, quand il succéda aux rois de Babylone. S'il était le même que Nabonid, auquel on assigne un règne de près de 17 ans, comme Nabonid vivait encore sous Darius, fils d'Histaspe, qui lui retira le gouvernement de la Kermanie que Cyrus lui avait généreusement confié après la capitulation de Borsippe, il s'ensuit qu'il aurait vécu plus de 100 ans ; ce qui est invraisemblable. Nabonid est donc un personnage tout différent de Darius.

Darius, lui, nous parait avec évidence être le Cyaxare de Xénophon. Daniel le qualifie fils d'Ahasverus : Cyaxare était fils d'Astuage, noms qui ne s'éloignent pas beaucoup si on a égard à la différence des deux langues, l'hébreu et le persan. Darius était bien le roi des Mèdes et des Perses, ainsi que le constate ce décret, par lequel il fut défendu à tout homme de demander, dans les trente jours depuis son avénement, quoi que ce fût à tout autre, Dieu ou homme, qu'au roi : *ut non immutetur quod statutum est à Medis et Persis*, et à cause duquel Daniel, qui avait prié son Dieu, fut jeté dans la fosse aux lions. De plus, l'âge de 62 ans qu'avait Darius à la prise de Babylone en 539, se rapporte très-bien à Cyaxare, lequel n'avait qu'un an de plus que Cyrus qui, ainsi que nous le verrons, naquit en 599. Darius divisa l'empire en cent-vingt gouvernements.

Le chaldéen Naboandel ne saurait donc être le même que Darius le Mède. Il n'est pas non plus Labynit, puisqu'il n'était pas fils de roi : qualité qu'Hérodote donne à Labynit, qu'il fait fils d'un autre Labynit. A la vérité Jérémie (c. XXVI), en annonçant à Nabuchodonosor que son fils et le fils de son fils lui succéderaient, *et servient ei omnes gentes, et filio filii ejus,* indique qu'un fils d'Evil-mérodach succéda à son père. Aussi rien n'empêche d'admettre, avec M. Quatremère de Quincy (Mém. de l'Acad. des Inscrip., 1851), que Labynit était un petit-fils de Nabuchodonosor, que Naboandel s'associa à l'empire, mais qui fut, en raison de sa jeunesse et peut-être de son incapacité, complétement éclipsé par ce général.

Babylone fut prise par Cyrus au plus tard en 539, car nous voyons dans Daniel que Darius la gouverna encore un an, qu'ensuite il y eut pour successeur Cyrus qui rendit, la première année de son gouvernement, savoir en 538, le décret d'affranchissement des Juifs et de reconstruction du temple de Jérusalem.

Nous extrayons de Xénophon les détails suivants sur l'expédition de Cyrus contre Babylone :

Cyrus avait trouvé, dans le pays même des Assyriens, deux auxiliaires puissants dans Gobryas, seigneur assyrien dont le fils avait été tué à la chasse par Laborosoarchod, et dans Gadatas, autre

seigneur qui avait reçu une offense de Nabonid.
Gadatas commença par livrer à Cyrus une citadelle
qui le rendit maître du pays des Saques et des Cadu-
siens, peuples qui passèrent au service de ce prince.

Le roi d'Assyrie s'était mis en campagne pour
punir Gadatas de sa révolte. Mais Cyrus l'ayant
attaqué, le vainquit, fit un grand carnage de ses
troupes et l'obligea de se retirer à Babylone.

Quelques temps après Cyrus livra bataille à Crésus
dans la plaine de Thimbrée en Lydie. Xénophon fait
monter l'armée de Cyrus à 196,000 hommes, infanterie et cavalerie, et à 300 chariots armés de faulx ;
l'armée de Crésus se montait à 420,000 hommes,
dont 60,000 de cavalerie, et les Égyptiens seuls
faisaient un corps de 120,000 hommes ; chiffres que
nous regardons comme grandement exagérés.

Dès que le signal du combat fut donné, Cyrus, à
la tête de quelques troupes de cavalerie, suivi d'un
grand corps d'infanterie, tomba sur les ennemis qui
marchaient pour prendre en flanc la droite de son
armée, et les ayant pris eux-mêmes en flanc, les mit
en désordre. En même temps les chariots, poussés
à toute bride contre les Lydiens, en achevèrent la
déroute. Dans le même moment, les troupes du flanc
gauche allèrent à l'ennemi et firent avancer l'esca-
dron des chameaux, comme Cyrus l'avait ordonné.
La cavalerie Lydienne ne l'attendit pas, et du plus
loin que les chevaux l'aperçurent, ne pouvant souffrir l'odeur de ces animaux, ils se renversèrent les
uns sur les autres, et plusieurs se cabrant jetèrent
par terre ceux qui les montaient. Un petit corps de
cavalerie des Perses poussant vivement les ennemis
pour les empêcher de se rallier, et les chariots armés
de faulx venant à tomber rudement sur eux, la déroute fut entière, et il s'y fit un horrible carnage.

C'était le signal que Cyrus avait donné à Abradate
pour attaquer le front de l'armée ennemie. Ce dernier partit comme un éclair et s'élança contre les
Lydiens, suivi de ses chariots ; ceux des ennemis ne

purent soutenir un si rude choc et se dissipèrent.
Abradate vint alors aux bataillons des Egyptiens qui,
marchant serrés et couverts de leurs boucliers pour
ne point laisser de passage aux chariots, obligèrent
l'infanterie persane de plier, et la poussèrent jusques
sous ses machines. Là ils furent accablés d'une
grêle de flèches et de javelots qu'on lançait sur eux
du haut de ces tours roulantes.

Dans la mêlée, le char d'Abradate fut renversé et
lui-même fut tué avec les siens. Cyrus, ayant mis
en fuite la cavalerie et l'infanterie de la gauche des
ennemis, arriva au secours de l'infanterie persane
que les Egyptiens avaient fait plier, chargea ceux-ci
en queue : la cavalerie survint en même temps et
poussa vivement les ennemis. Les Egyptiens, attaqués
de tous côtés, faisaient face partout et se défendaient
avec un courage merveilleux. Cyrus même courut un
grand risque. Son cheval, qu'un soldat avait percé
sous le ventre, s'étant abattu sous lui, il tomba au
milieu des ennemis. Officiers et soldats, également
alarmés du danger de leur chef, se précipitèrent tête
baissée au milieu de cette forêt de piques pour le
dégager. Lorsqu'il fut remonté à cheval, le combat
devint encore plus sanglant. A la fin Cyrus, admi-
rant le courage des Egyptiens, leur fit offrir des
conditions honorables qu'ils acceptèrent, et, depuis
ce temps, ils servirent dans ses troupes avec une
fidélité inviolable. Il leur donna, entre autres, les
villes de Larissa et de Cyllène près de Cumes, sur
le bord de la mer, et quelques autres places dans
les terres qui furent nommées, depuis ce temps, les
villes des Egyptiens.

Le combat avait duré jusqu'au soir. Crésus se
retira en diligence avec ses troupes jusqu'à Sardes,
sa capitale, où il avait renfermé ses trésors. Cyrus
vint mettre le siége devant cette place. Avant qu'elle
fut investie, Crésus en sortit pour livrer bataille aux
Perses. La principale force des Lydiens consistait
dans la cavalerie. Cyrus, pour la rendre inutile, fit

d'abord avancer ses chameaux dont elle ne put en effet soutenir ni la vue, ni l'odeur; elle prit la fuite sur le champ. Les cavaliers mirent pied à terre et revinrent au combat qui fut fort opiniâtre ; mais enfin les Lydiens cédèrent et furent obligés de se retirer dans la ville. Cyrus fit dresser ses machines contre les murailles et préparer des échelles comme pour l'assaut. Mais, dès la nuit suivante, ayant appris par un esclave perse une route dérobée qui conduisait à la citadelle, il y pénétra et s'en rendit maitre. A la pointe du jour il entra dans la ville où il ne trouva plus de résistance. Il accorda au roi et aux habitants la vie sauve, à la condition qu'ils lui remettraient leur or et leur argent; ce qui fut exécuté.

La prise de Sardes mit Cyrus en possession de la Lydie, de l'Ionie, de l'Éolie et de l'Asie mineure. Il passa de là dans la Syrie et l'Arabie qu'il subjugua pareillement. Cyrus marcha ensuite vers Babylone. Le siége de cette importante place n'était pas une entreprise facile. Les murailles en étaient d'une hauteur extraordinaire et paraissaient inaccessibles ; le nombre des défenseurs était immense. La ville, d'ailleurs, était pourvue de toutes sortes de provisions pour vingt ans.

Ces difficultés n'empêchèrent pas Cyrus de pousser son dessein. Désespérant de prendre la place par l'assaut, il laissa croire qu'il songeait à la réduire par la famine. Il fit donc tirer d'abord une ligne de circonvallation tout autour de la ville, avec un fossé large et profond, et, pour ne pas accabler ses troupes de fatigue, il divisa son armée en douze parties et assigna à chacune son mois pour la garde des tranchées. Les assiégés, se croyant en pleine sûreté à la faveur de leurs remparts et de leurs magasins, insultaient à Cyrus du haut de leurs murailles et se moquaient de tous ses efforts. C'est alors qu'il fit creuser un grand fossé pour détourner les eaux de l'Euphrate et mettre son lit à sec.

Quand le fossé fut achevé, Cyrus apprit qu'on

devait célébrer à Babylone une grande fête et que les Babyloniens devaient passer la nuit entière à boire et à faire la débauche. Voulant profiter de la confusion que cette fête devait produire dans la ville, il posta une partie de ses troupes à l'endroit par où le fleuve y entrait, l'autre partie à celui où il en sortait, avec ordre d'entrer la nuit dans la place par le lit du fleuve, dès qu'ils le trouveraient guéable. Il fit ouvrir, dès le soir, la tranchée des deux côtés de la rivière, au-dessous et au-dessus de la ville, afin d'y faire écouler les eaux. Par ce moyen, le lit de l'Euphrate se trouva bientôt à sec. Alors les deux corps de troupes s'y jetèrent, conduits l'un par Gobryas et l'autre par Gadatas, et s'avancèrent sans trouver d'obstacles. Par un heureux hasard, qui ne s'explique que par là confusion qui régnait en ce moment dans la place, les troupes de Cyrus trouvèrent ouvertes les portes d'airain qui fermaient les descentes du quai vers le fleuve, lesquelles seules auraient pu faire échouer l'entreprise : elles pénétrèrent ainsi jusques dans le cœur de la ville sans trouver de résistance. Les deux corps de troupes, s'étant rencontrés au palais royal, comme ils en étaient convenus, surprirent la garde, la mirent en pièces et se rendirent maîtres du palais.

Xénophon prétend que le roi de Babylone fut tué dans la mêlée qui eut lieu au palais, mais Hérodote ne fait aucune mention de cette circonstance importante ; les auteurs Chaldéens, Bérose et Mégasthène rapportent au contraire que le roi Naboandel, après avoir vaillamment défendu la place, parvint à rallier ses troupes et à les conduire à Borsippe, forteresse de la Babylonie. Ils ajoutent que ce roi y obtint une capitulation honorable de Cyrus, qui lui confia le gouvernement de la Kermanie, lequel ne lui fut ôté que 20 ans après par Darius, fils d'Histaspe. Il est probable que, s'il y eut un roi tué dans cette circonstance, ce fut Labynit associé à l'empire par Naboandel, comme petit-fils de Nabuchodonosor.

Conformément aux prophéties faites aux Juifs, Babylone non-seulement cessa d'être la résidence des rois du pays, mais ayant été complètement négligée par suite de la fondation des villes de Ctésiphon et de Séleucie, situées dans son voisinage, elle dépérit toujours de plus en plus. Sous l'empereur Adrien, il n'en restait plus, au rapport de Pausanias, que l'enceinte des murailles, et les rois de Perse, la voyant ainsi déserte, en firent un parc où ils enfermèrent des bêtes sauvages pour la chasse.

Ainsi finit l'empire de Babylone, après avoir duré 86 ans depuis la destruction de Ninive.

Cicéron (*de Divinatione*) rapporte, d'après Dinon, auteur d'une histoire des Perses écrite avant Alexandre-le-Grand, que Cyrus mourut à l'âge de 70 ans, après un règne de trente ans. De même, Polybe, Thallus, Castor, Diodore et Phlégon placent le commencement du règne de Cyrus la première année de la cinquante-cinquième Olympiade, qui répond à l'an 560 avant J.-C., et Fréret dit qu'à ce sujet il y avait accord unanime parmi les Orientaux. L'année 560 est aussi celle de la chute et de la mort d'Astyage. Il suit de-là qu'immédiatement après la mort d'Astyage, Cyrus fut associé à l'empire par son oncle Cyaxare II, qui chercha par ce moyen à se l'attacher, afin d'en obtenir des secours contre ses ennemis. Le règne de Cyrus commença par conséquent 21 ans avant la prise de Babylone; ce prince était né en 599 et mourut en 529.

Les Paralipomènes (v. ult.) et Esdras (L. I.) mentionnent à la vérité que le décret d'affranchissement des Juifs, rendu par Cyrus en 538, le fut dans la première année de son règne. Cette différence vient de ce qu'ils ne comptent les années de ce règne qu'à partir du moment où Cyrus resta le seul maître de l'empire, c'est-à-dire depuis la mort de Cyaxare II survenue en 538, un an après la prise de Babylone.

Xénophon rapporte que Cyrus épousa, après la prise de Babylone, la fille de Cyaxare. Dans tous les cas cette dernière ne pourrait être la mère de

Cambyse qui commença à régner 8 ans après la prise de cette ville. La mère de Cambyse, d'après Hérodote, était Cassandane, fille de Pharnaspe de la famille des Achemenides, qui avait-déjà fourni des rois à la Perse.

Cyrus, rapporte l'historien Hérodote, ayant porté la guerre contre les Scythes, et, les ayant attaqués dans un premier combat, feignit de prendre la fuite, après avoir laissé dans la campagne une grande quantité de vin et de viandes. Les Scythes ne manquèrent pas de se jeter dessus. Cyrus revint contre eux et les ayant trouvés tous enivrés et endormis, les défit sans peine et fit un grand nombre de prisonniers, parmi lesquels était le fils de leur reine nommée Tomyris. Ce jeune prince, que Cyrus avait refusé de rendre à sa mère, étant revenu de son ivresse et ne pouvant souffrir de se voir captif, se donna la mort. Tomyris, animée par le désir de la vengeance, présenta un second combat aux Perses et les ayant attirés à son tour dans des embuches par une fuite simulée, en tua plus de deux cent mille avec leur roi Cyrus. Puis, ayant fait couper la tête de Cyrus, elle la mit dans un outre plein de sang, en lui insultant par ces paroles: « Cruel que tu es, rassasie-toi après ta mort « du sang dont tu as eu soif pendant ta vie et dont « tu as toujours été insatiable. »

La mort de Cyrus survint dix ans après la chute de l'empire de Babylone. Cet empire avait-duré 86 ans depuis sa fondation par Nabopolassar. A partir de la mort de Cyrus et de l'avènement de Cambyse au trône de Perse, l'histoire des Egyptiens, des Assyriens et des Perses ne présente plus de graves difficultés chronologiques et c'est pourquoi nous avons cru devoir clore ici notre récit.

FIN.

TABLE DES MATIÈRES.

www.ingramcontent.com/pod-product-compliance
Lightning Source LLC
LaVergne TN
LVHW021853170726
843503LV00003B/1208